幸田露伴かく語りき

スピリチュアル時代の
<努力論>

大川隆法
Ryuho Okawa

本霊言は、2014 年 4 月 29 日、幸福の科学総合本部にて、
質問者との対話形式で公開収録された（写真上・下）。

まえがき

あの旧《ふる》い字体の幸田露伴の『努力論』『修省論《しゅうせいろん》』を読むことは、古文・漢文を読むことを苦手とする学生や現代の大人にも少々難しいだろう。私はたまたま、仏教の経典をよく読んでいるので、中国人の僧侶や日本の仏教者の古典的お経解釈本がよく読める。その意味で幸田露伴の仏教的素養がよく判《わか》るので、何とか現代語化して、本多静六博士同様、日本発の自助論型作家兼思想家の考え方を後世に残さねばならないと思っている。

欧米に生まれていたら、もっともっと尊敬されていた人であることは間違いない。

当会の海外信者にも、「『自助努力が必要だ』っていう教えなら『信仰』なんていらないじゃないですか」と問うてくる人が多いと聞く。本書がその答えであり、スピリチュアル時代の〈努力論〉でもある。

二〇一四年　九月十六日

幸福《こうふく》の科学《かがく》グループ創始者兼総裁《そうししゃけんそうさい》　大川隆法《おおかわりゅうほう》

幸田露伴かく語りき　目次

幸田露伴かく語りき

――スピリチュアル時代の〈努力論〉――

二〇一四年四月二十九日　収録
東京都・幸福の科学総合本部にて

「霊言現象《れいげん》」とは、あの世の霊存在の言葉を語り下ろす現象のことをいう。これは高度な悟《さと》りを開いた者に特有のものであり、「霊媒現象《れいばい》」（トランス状態になって意識を失い、霊が一方的にしゃべる現象）とは異なる。

なお、「霊言」は、あくまでも霊人の意見であり、幸福の科学グループとしての見解と矛盾《むじゅん》する内容を含《ふく》む場合がある点、付記しておきたい。

幸田露伴かく語りき

――スピリチュアル時代の〈努力論〉――

二〇一四年四月二十九日　収録

東京都・幸福の科学総合本部にて

幸田露伴《こうだろはん》（一八六七～一九四七）

明治から昭和初期にかけて活躍した小説家、随筆家、考証家、俳人。本名は成行《しげゆき》。現在の東京都に生まれる。電信修技学校卒業後、電信技手《ぎしゅ》として北海道に赴任《ふにん》するが、文学を志《こころざ》して帰京。その二年後の一八八九年に『露団々《つゆだんだん》』で文壇《ぶんだん》に登場すると、『風流仏《ふうりゅうぶつ》』『五重塔《ごじゅうのとう》』などで作家としての地位を確立し、理想主義文学の担い手として近代文学の一時代を築いた。また、随筆や史伝においても、『努力論』『修省論《しゅうせいろん》』『運命』『頼朝《よりとも》』等、優れた作品を多数遺《のこ》している。

質問者　※質問順

斎藤哲秀《さいとうてっしゅう》（幸福の科学 編集系統括担当専務理事）

吉川枝里《よしかわえり》（幸福の科学 第五編集局長）

鈴木豪《すずきつよし》（幸福の科学 理事 兼 学生局長）

［役職は収録時点のもの］

1　幸田露伴に「新・努力論」を訊《き》く

「百年に一度の頭脳」と言われた幸田露伴

大川隆法　ゴールデンウィークの始まりに（収録当時）、「幸田露伴の努力論」をやるという、まことに〝古式ゆかしい団体〟です。

幸田露伴といっても、もう、今は知る人が少なくなっていると思います。渡部《わたなべ》昇一《しょういち》さんの解説本か何かで知っている人のほうが多いかもしれません。

年代的には、明治の始まる前年、江戸時代最後の一八六七年生まれで、昭和二十二年に亡くなっています。主として、明治・大正・昭和の前半に生きられた方です。

小説を数多く書いていますが、現代の人には難しくてほとんど読めないような内容かと思います。楽しみで読むのは少し無理で、国文科の人ぐらいでないと読めないのではないでしょうか。

今日は、その幸田露伴さんの教えのなかでも、「努力論」について訊《き》いてみたいと思います。まあ、小説は、テーマにはできないでしょう。

この方は、生前、『努力論』『修省論《しゅうせいろん》』という、人生論というか、成功論のような内容の本も書いています。

これについては、渡部昇一さんが紹介されていますが、渡部さんも、もう八十五歳になられようとしているので、そろそろ次の代に引き継《つ》いでいかないと、遺《のこ》らなくなる可能性があります。ですから、現代的なかたちで、何らかのものを遺せないかと考えています。

「もし、幸田露伴が外国に生まれていたら」と考えてみると、おそらく、この人の教えは、カール・ヒルティやデール・カーネギーといった人たちの教えにも相当するようなものではないかと思います。

私も、古本《ふるほん》ではありますが、大正期に出された旧《ふる》い字体の『努力論』や『修省論』を読んだことがあります。修省というのは、「反省をする」という意味です。

たまたま、私は古文・漢文がわりによく読めるのですが、確かに、現代人にはやや厳しいかと思います。学生に薦《すす》めても、英語やドイツ語の本より難しく感じるようです。

ただ、幸田露伴は、「百年に一人の頭脳」と言われた方でもあるので、文体や

カール・ヒルティ（1833〜1909）スイスの思想家、法学者、政治家。主著は『幸福論』『眠られぬ夜のために』。

デール・カーネギー（1888〜1955）アメリカの作家、教師。主著は『人を動かす』『道は開ける』。

字体が旧くなることで忘れられていくというのは、まことに残念なことです。

そこで、今日は、「現代に合わせて、現代の人のいろいろな人生論や悩み、勉強、生活など、いろいろな方面について、幸田露伴が現代語で答えるとしたら、どのようなかたちの答えになるのか」ということで、新しい意味での『新・努力論』のようなものを当会から出せたらよいと思います。そうすれば、また何十年か読み継いでもらえるのではないかと考えています。

電信技手《ぎしゅ》を辞めて、作家としての道を拓《ひら》く

大川隆法　年代的なことを、もう少し分かりやすく説明しましょう。
幸田露伴という人は、旧制の東京府立第一中学校（現在の日比谷高校）で夏目《なつめ》漱石《そうせき》と同窓生です。夏目漱石は、その後、一高《いちこう》（旧制の第一高等学校）を経《へ》て東京帝国大学の英文科へ行き、文部省の第一回留学生としてロンドンに留学してい

ます。

一方、幸田露伴は、家が貧《まず》しかったこともあったと思いますが、中学を中退し、専門学校というか、電信技手《ぎしゅ》の資格を取るための学校に行き、北海道の電信局に赴任《ふにん》します。それは、おそらく十八歳ぐらいのことだと思います。

そこに二年ほど勤めたようですが、「やはり、このままではいけない」ということで発心《ほっしん》し、有《あ》り金《がね》をはたいて、当時はトンネルがないので、船で北海道から青森まで渡りました。そこで資金が尽きたらしく、青森から東京まで歩いて帰ったそうです。その間、野宿《のじゅく》をしながら帰ってきた。つまり、「露《つゆ》とともに寝た」ということで、「露伴」というペンネームができたとのことです。難しい名前の由来は、そういうことのようですね。

彼は、小学生の頃から、図書館の本などをかなり読んでいたようで、母親は、その本を読む姿を見て、「この子は普通の子ではない」と語っていたそうです。そういう人であっても、なかなか人生行路はまっすぐには行かないもので、漱石のようにエリートコースには行けませんでした。しかし、自分なりに勉強して、小説をたくさん書いたわけです。

また、京都帝国大学に講師として一回呼ばれています。ただ、こちらは一年経《た》たずに辞めて東京に帰り、作家としての仕事のほうに戻ったようではあります。

今ではもう、ほとんど読まれなくなった小説が数多くありますが、●『五重塔《ごじゅうのとう》』や『風流仏《ふうりゅうぶつ》』あたりであれば、文学史か日本史の一部に出てきているかもしれないので、少し覚えている人もいるかもしれません。幸田露伴は、森鷗外《もりおうがい》たちとも同じように、小説を書いたりしていたこともあるのです。

京都帝国大学（現・京都大学）

●『五重塔』は、24歳のときの作で、五重塔建立に命をかける大工の情熱を描く。『風流仏』は、22歳のときの作で、旅先で出会った娘に恋をした彫刻師の悲恋を描く。いずれも初期の代表的小説。

三十代前半までに「努力論」が身につくかどうかは非常に大きい

大川隆法　今日は、「人生論・成功論」を中心に話を進めていきたいと思いますので、（質問者に）よろしくお願いします。今回は、若者代表ということで、質問者はみんな若い方で……。

斎藤　（苦笑）いや、〝若者の心〟を取り戻すために……。

大川隆法　ああ、気持ちの若い方もいるんですね。

斎藤　はい。〝若者の気持ち〟を取り戻します（笑）。

大川隆法　当会の教えは、基本的に努力論が多いと思いますが、現代の若者の世《せ》相《そう》を見る限り、幸田露伴的な努力論を聴いたら反発するような人が多いかなという気はします。最近、やっているテレビドラマ等で学生の言動を見ると、だいたい、そんな感じが多いですね。

例えば、今、企業について、「ブラックか、ホワイトか」ということがよく言われていますが、「ブラック・プレジデント」というドラマを観《み》ていると、「バリバリ一人でやってきた社長が大学生と話をすると、大学生はみな、だいたいチャランポランで、反抗してくる」というようなシーンがよく出てきます（収録当時）。

それから、アイドルグループ「嵐」の二宮和也《にのみやかずなり》君が出ている「弱くても勝てます」というドラマもあります。これは、開成高校をモデルにした学校の話です。ドラマでは、負け続けている野球部を最後には勝たせるのかどうかは知りませんが、今のところ、全然勝てないような、大変下手《へた》な野球をやっています。やる気がない、球も捕《と》れない、バットを振っても打てないような連中が出てくるのです（収録当時）。

これは、昔の努力論をやったような人から見たら、フニャフニャでしょうが、現代の若者は、「それが普通だ」と思っているのかもしれませんし、「勉強しなければ駄目《だめ》だ。偉《えら》くなれないぞ」という言い方をされたら、「戦前みたいだ」と言って反発するのがオチなのかもしれませんね。それよりは、「要領よく何とか切り抜けて、遊びたい」という気持ちのほうが、若者の気質《きしつ》なのかもしれません。

ただ、「大学生や、あるいは、二十代、三十代前半ぐらいのときに、努力論的な考え方ができたかどうか、あるいは、身についたかどうか」ということは非常に大きいのではないかと思うのです。

渡部昇一さんも、学生時代に上智大学の先生に紹介されて『努力論』を読み、それから現代に至るまで、毎年一、二回は読み返しているそうですから、何十回も読まれていることでしょう。上智大学の卒業生は数多くいますが、あの年代の方で、あれだけの仕事をされた方はほかにいません。渡部さんの活躍は、「そうした精神的なエートスというか、持続する心を持っていることが、どれほど強いか」ということを示していると思います。

私のなかにも、そういうものは流れておりますが、文化的遺伝子として、これが国民から失われたときには、国は衰退していくのではないでしょうか。

幸福の科学は宗教ですから、「信心《しんじん》で他力《たりき》」でもよいのですが、それだけではいけない面があるような気がしますので、今日は、そのへんも考えてみたいと思っています。

成功哲学を現代的に説いてもらうべく、幸田露伴を招霊する

大川隆法　私どもの調べた範囲では、「幸田露伴の霊言は、まだない」とのことでした。本当にないのですか。

斎藤　はい。今のところ、まだございません。

大川隆法　ああ、ないのですね。やはり、一回録《と》ってみる必要があるかと思います。

では、お呼びしてみます。

（合掌《がっしょう》し、瞑目《めいもく》する）

小説家、随筆家、それから俳人でもありました、幸田露伴先生をお招きし、幸福の科学総合本部において、努力論・修省論に当たるような成功哲学を、現代的に若い人たちにも分かるように、お説きくださいますことを心の底よりお願い申し上げます。

幸田露伴先生、どうか、幸福の科学総合本部に降りたまいて、われらをご指導したまえ。

（約十秒間の沈黙）

2　努力に秘《ひ》められた偉《い》大《だい》な力とは？

幸福の科学に浸透している「植福《しょくふく》」の精神

幸田露伴　うん……。うん、うん（口ひげをなでるしぐさをする）。

斎藤　幸田露伴先生、本日は、幸福の科学総合本部にお越しくださり、まことにありがとうございます。

幸田露伴　うん。

斎藤　本日は、特に若い方に向けて、露伴先生の培《つちか》われた、さまざまな努力論・修省論《しゅうせいろん》・修養論・幸福論につきまして、ご教示賜《たまわ》れればと心より願っております。

幸田露伴　何だか、君のところからは、よく「声」が届くんだよなあ。君のところは、植福《しょくふく》っていうの、やたらやっとるんだろう？

斎藤　はい（笑）。

幸田露伴　まあ、あれは……。

斎藤　「福」の部分につきましては、幸福の「福」もあり……。

幸田露伴　いやあ、ここだけ、ずいぶん熱心にやっとるよなあ。

斎藤　はい。

幸田露伴　私が説いた「三福論《さんぷく》」の説なあ。

斎藤　幸福三福論。

幸田露伴　うん、そうそうそう。
惜福《せきふく》・分福《ぶんぷく》・植福の三つを説いておるんだけど、惜福と分福のほうは、あんまり覚えてないみたいで、植福だけしっかり覚えて、なんか、浸透しとるようだなあ。

だから、もしかしたら、君らが給料をもらえてるのは、わしのせいかも分からんなあ。

斎藤　（笑）ご指導に、心より、感謝・御礼《おんれい》申し上げます。

「植福の精神」は、幸福の科学の精神として浸透しております。

幸田露伴　幸田露伴から出とるのは、知らん人が多いんだろうと思うからさ。ちょっとぐらい言う権利はあるかなあ。

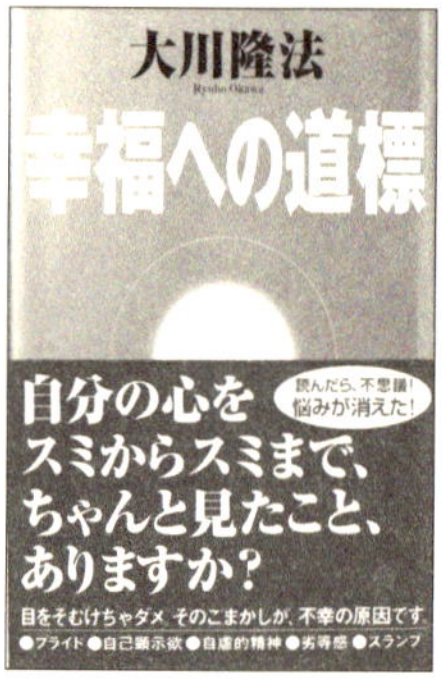

三福の思想は、幸福の科学では、『希望の法』『幸福への道標』（幸福の科学出版刊）等に説かれている。

努力によって、人は万倍の力を持てる

斎藤　大川隆法総裁も、露伴先生の努力論につきましては、渡部昇一《わたなべしょういち》先生の解説本なども読まれて、その思想を幸福の科学に応用、展開されております。

幸田露伴　なかなかねえ、みんな信じないんだよなあ。「努力によって、人は百倍、千倍の力を持てるようになる」っていうのは、そう簡単に分からんらしいなあ。

斎藤　百倍、千倍ですか。

幸田露伴　うーん。百倍、千倍。

斎藤　百倍、千倍というと、大きい数ですけれども。

幸田露伴　いや、もっと大きいかもしらんな。万倍かもしれないよな。

斎藤　努力は、万倍にもなるんですか。

幸田露伴　ああ、万倍ぐらいにまでいくんだよ。子供時代や学生時代、青年時代は、みんな、ほとんど変わらない。どっこいどっこいで、どんぐりの背比べをやっているのが、五年、十年、二十年、三十年と努力を続けていくと、その「差の開き方」はもう、百倍、千倍、万倍なんだよなあ。これが分かるかなあ。うーん。

努力によって、
人は百倍、千倍の力を持てるようになる。
いや、もっと大きいかもしらんな。
万倍かもしれないよな。

人生は、学校の成績だけで決まるものではない

斎藤　露伴先生は、生前、『努力論』や『修省論』をお書きになられましたが、文学者であるにもかかわらず、なぜ、そのようなものを世に遺《のこ》されたのでしょうか。

幸田露伴　あのなあ、君らも、どの程度信じてるかは知らんけども、人間、生まれつきで、頭がいいとか悪いとか、才能があるとかないとか、けっこう思い込む癖《くせ》があるよな。

まずは親から言われることも多いが、自分自身もそう思うよな。学校の成績を見たり、模試の結果を見たり、あるいは、入試を受けて、いろんな大学とかに行ったりして学校が変わっていくと、それで、自分にレッテルを貼《は》るんだな。こう

（両手を胸に当てて）刻印《こくいん》して、一生それを持っていくわけよ。

それで自己確認をずっとして、「こういう人間だ」と思ってるので、変わらないつもりで、まるで、豚のお尻に烙印《らくいん》かスタンプでも押したような感じで、一生、そのスタンプを付けて生きてるんだよなあ。

ただ、若い十代の頃の努力で判定されるっていうのは……。

まあ、〝短距離走〟で、わずか数年あたりでやっても、確かに、芽が出るのが早い人はいるからねえ。それでサーッと駆け抜けて、いい成績を取る人はいるかもしらんけども、やっぱり何十年の人生……、わしは八十年だけども、それから見たら、十代だけの、例えば、「高三のとき、よくできた」とか、「中三のとき、できた」とか、「小六のとき、できた」とかいうようなことは、まあ、何年かはもつけども、そう長くはもたないものだよな。

このへんを勘違《かんちが》いしてる人がいっぱいいる。

あるいは、東大なんかに行っても、「優」の数だけで人生が決まるように思ってる人は、長らく、何十年も百年もいたはずだと思うけど、それで決まるもんじゃないんだよなあ。

まあ、「五十の年《とし》が来て、やっと、人生の筋《すじ》が六割ぐらい見えるかな」っていうところかな。半分以上ぐらい見えてくるけども。

だから、二十代ぐらいまでで決めちゃうのは早いなあ。それが、今の人たちに「惜しいなあ」と思うところかなあ。

努力し続けるための秘訣《ひけつ》とは何か

吉川　「五十歳で六割ぐらいが見えてくる」とのことですが、なかなか成果が見えないまま、努力し続けることは難しく感じてしまいます。努力し続けていく秘《ひ》訣《けつ》といいますか、コツがあれば教えていただけないでしょうか。

幸田露伴　まあ、「人生観」だと思うよ。ほんと、一言で言ってな。

大川隆法さん、ここの先生も繰り返し言ってると思うんだけど、みんな、あまり信じてないと思うんだよ。「努力が大事だ」とか、「亀のごとく生きろ」とか、「平凡からの出発」とか、たぶん、おっしゃってるんだと思うけど、信じてないと思うよ、きっと。

「それは、謙遜《けんそん》の言葉か、世間に嫉妬《しっと》されないように、そういうふうに言ってるだけなんだろう」ぐらいに思っていて、「やっぱり、そうは言っても、生まれつき、そう恵まれとるんだろう」ぐらいに思ってることは多いんじゃないかなあ。

ただねえ、人間は、三年努力しなかったら、すぐ凡人《ぼんじん》になるんですよ。一年しなかったら、たちまち傾《かたむ》いていくのが見えてくる。昔から、●「三日書《しょ》を読まざれば、すなわち（理義胸中《りぎきょうちゅう》に交《まじ》わらず）」……、何て言うか、「目がトロッとしてく

●北宋の文人・黄山谷《こうさんこく》の言葉。

る」と、よく言われているけど、そんなもんなんだよ。剣の修行だって怠《おこた》れば、すぐ負けるようになる。（鈴木に）なあ？　そういうもんなんだよ。
これ、ほんとに分かっとるかなあ。一本、これが分かっとると、人生の可能性は、無限とは言わないまでも、ほんと、百倍、千倍、万倍になっていくんだけども、信じ切れないだろうなあ。

夏目漱石《なつめそうせき》も、恵まれない家庭環境のなか、努力して道を拓《ひら》いた

鈴木　「まず、親から言われて、自分自身にレッテルを貼ってしまう」ということですが、どのように、そのレッテルを突破して、自分なりの人生観を形成していけばよいでしょうか。

幸田露伴　うーん、まあ、いや、どっちみちねえ……。

だから、今の子もそうだろうと思うし、昔もそうではあったんだけども、親が偉ければ偉いで、「親が偉かったから、自分のほうは甘やかされ、物質的にも恵まれすぎて堕落し、努力しない人間になった」という言い訳をするし、親が貧《まず》しかったら貧しかったで、「貧しいから、いい学校にもやってもらえず、塾にも行けず、家庭教師もつかず、勉強ができなかった。金がないから、頭もよくならず、いい職業に就《つ》けずに、貧乏になった」と言う。まあ、昔から、どっちも（言い訳を）言うんだよね。

もちろん、客観的な、そういう環境がないとは言わないよ。たぶんあるとは思う。

ただ、先ほど、夏目漱石《なつめそうせき》さんのご説明があったようだけどもねえ。明治のエリートではあったかもしらんけれども、それでも、漱石の本を読めば、

夏目漱石（1867～1916）

子供時代、もう、子供が多すぎて、捨て子じゃないけども、ちょっと養子みたいにやられてさあ。それで、やられた先が八百屋《やおや》かなんかでさ。今の人は知らんかもしれんけど、昔、八百屋なんていうのは、お釣りを出すのに時間がかかるから、天井《てんじょう》からゴムみたいなものでかごをぶら下げて、そこにバラ銭《せん》をいっぱい入れて、ピーッと引いてさあ。そういう、お釣りを出したりするかごがあったけど。

「赤ちゃんの漱石が……、赤ちゃんより大きかったかもしらんけども、八百屋のかごに乗せられて、店《たな》ざらしになって置いとかれてるのを見て、お姉さんが、『かわいそうだ』っていうんで、連れて帰った」という話があるぐらいだから、漱石だって、そんなに恵まれた幼少時を送ってるわけじゃあないんだな。

まあ、捨てられたようなところから、連れて帰ってもらった。要するに、余分な子だったわけだな。

だけど、幼少時に土蔵《どぞう》のなかで勉強して、一生懸命、漢籍《かんせき》を読んだりしたのが、将来の肥《こ》やしになって、秀才ができてるわけだ。

俺とはちょっと違うかもしらん。俺は、留学するような恵まれた〝あれ〟にはならなかったから。教授になることもなかったし。そういう、「学《がく》」は違うところがあったかもしらんけどもなあ。

でも、結局、彼自身も、やっぱり、努力した結果ではあって、特に、英語もやったのは、彼の努力の結果だと思うな。

当時でも、明治でも、文部省の留学生に選ばれるのだって、大変なことではあろう。しかし、文部省の第一回英国留学生に選ばれた、東大英文科の夏目漱石が、東大に入る前、予備門《よびもん》に行って……。要するに、予備校だよな。英語の予備校、英語のゼミナールに通って、そのとき、進級試験に落第してるぐらいですから。

まあ、そんなに人生ねえ、決まったもんじゃないですよ。私はそう思うなあ。

文学に使命を感じて、当時の最先端だった電信技手《ぎしゅ》を辞める

斎藤　伝記《でんき》等で、露伴先生の人生のヒストリーを見ますと、「電信技手《ぎしゅ》として職に就かれた」ということもありますが、一度、社会に出られても、そのなかで勉強を続けられたわけでしょうか。苦学したというか……。

幸田露伴　今から見たら、電信技手みたいなのは、すごく古くさい感じだろうけど、まあ、どうだろう？　現代で見れば、意外に〝あれ〟かもしれないぞ。それは、ニュービジネスかもしんないからなあ、明治だったら。

斎藤　アンドリュー・カーネギーと、そっくり同じです。

幸田露伴　そこは一緒だよな。あっちも電信士だなあ。まあ、新しい産業ではあったわけだ。必ずしも、それが古くさい職業とは思わんけどねえ。今だったら、パソコンや……スマートフォン、ケータイなんかの業界の仕事かもしれないからさ。必ずしも悪いとは思わない。電気っていうのは、当時は新しかったんで。ええ。

斎藤　当時は、電気が最先端ですね？

幸田露伴　ああ、それはそうだ。

斎藤　エジソンもそうですね。白熱電球をつくったりされました。

アンドリュー・カーネギー（1835～1919）19世紀アメリカを代表する実業家で、「鉄鋼王」と称された。

幸田露伴　家電が流行《はや》ったのは、第二次大戦後なんでしょう？　実際上はねえ。だから、明治時代だったら、それは、非常に珍しいニュービジネスだったかもしれないから、必ずしも悪いというわけではないんだ。

ただ、自分は、幼い頃に、ずいぶん文学書とかを読んで暮らした覚えがあったからね。だから、自分の心に忠実に問うたときに、やっぱり、「文学の世界みたいなものに憧《あこが》れた」っていうか、「文で世に立ちたい」っていう気持ちがあったからさあ。学歴は十分ではなかったけど。

今だって、「小説家で食《く》っていく」なんて、そんな簡単なことではないだろう、やっぱりな。だから、当時も大変だったとは思うけどねえ。

まあ、自分の使命を感じてやった。ただ、大した背景もないのに文学者になるには、やっぱり、そうとうの勉強は要《い》ったよな。

夏目漱石のように英文学をやった方もいれば、森《もり》鷗外《おうがい》のようにドイツ語文学をやった方もいるし、坪内逍遙《つぼうちしょうよう》みたいに英文学をやってシェークスピアを訳せるような人もいるなかで、一時代を築くっていうのは、そんな簡単なことではなかったなあ。だから、いろんな勉強をしたね。

自らの天命に気づくには、どうすればよいか

吉川　幸田先生は、電信技手を二年間され、その後、一念発起《いちねんほっき》して、小説家を志《こころざ》されたと伺《うかが》っています。

一方、今の若い人たちは、自分の天命や使命というものを学生のうちに見つけ

森鷗外（1862 ～ 1922）

坪内逍遙（1859 ～1935）

ることが、なかなか難しいというか、私自身を振り返ってみると、そうだったと思うのです。

そこで、今の若い世代の人たちが、自分の天命を見つけるためのアドバイスを頂けるとありがたいのですが。

幸田露伴　いやあ、昔は、もう、大学に行くなんていうのは、百人に一人もいない時代だからねえ。今は、半分以上も行けるような贅沢《ぜいたく》な時代だけど、「大学を出たからって、仕事ができるわけでもなく、就職ができるわけでもない」っていう、けっこうね……、まあ、何割かは就職もできないような状態だよね。

だから、恵まれてることに対する感謝が足《た》りない気はする。また、一流ブランドの学校に行かなかった場合は、「もう、どうせ駄目なんだ」みたいな感じの諦《あきら》めが、わりに早いんじゃないかねえ。そう見えてしょうがないなあ。

私は、やっぱり、「内にあるものは、外に必ず出てくる」というふうに思っているのでね。だから、勉強している人には、それなりの光が、目にも宿《やど》れば、後光《ごこう》のように出てくるものだと思う。

まあ、小説家なんかは、今でも、実際上、あれだよね。普通の本を書いた場合には、（その人の）肩書が（本の）後ろにつくけど、小説家の場合は、名前以外、何もないことも多いよね。

あの伝統は……。実際上、学歴のない人が、小説家には多かったからねえ。高校中退ぐらいの方が多いし、もっと前は、高校も出てない人も多かったからねえ。でも、自分で小説とかが好きで読んで、それで、デビューしていく人が多かったので、まあ、（著者の経歴等を）書かない習慣がついてるんだよな。

それ以外のものには、みんな必ず書いてあるだろう？　学問的なものとかはなあ。だから、（小説家は）才能と努力で食べていく世界ではあるんだ。

勉強している人には、
それなりの光が、目にも宿《やど》れば、
後光《ごこう》のように出てくるものだ。

うーん。感謝の心が足りないし、それから、「自分の努力の余地」っていうのが、あんまり分からないのかなあ。学校とか、そういうものが完備されすぎてて、塾とかがあって、いっぱいいっぱい試されて、もう実験済みで、「おまえはこういう人間だ」というレッテルが貼られてるような感じかねえ。これを、自己暗示のように、占いみたいに、信じ切ってるような感じがするなあ。

やっぱり、「努力で破れないような運命は、あんまりないんだ」っていうことなんだよなあ。

厳しい試練のなかで、自分を鍛え込むのが偉人の条件

吉川　今、「勉強していると、後光が出てくる」ということをおっしゃいましたが。

幸田露伴　うん、うん。

吉川　幸田先生は、二宮尊徳《にのみやそんとく》や日蓮《にちれん》、渋沢栄一《しぶさわえいいち》といった偉人の伝記を書かれていますが、学生時代に、偉人の伝記を読むことの重要性について教えていただければと思います。

幸田露伴　私の代より前の代になりますと、いわゆる今の大学みたいなものはない時代になりますから、みんな、私塾ぐらいで勉強したわけだね。私塾だから、たいていの場合、免許もないようなあれだから、学問のきっかけというか、手習いとして教えてくれることはあっても、あとは、「どれだけ読み込んで勉強するか」っていうことで、これには個人差がそうとうあったな。

明治期に活躍した人も、たいてい、旧時代というか、幕末に、古い学問ではあろうけども、漢籍をやったり、あるいは蘭学《らんがく》も一部あったとは思うけども、まあ、全然関係ない医学や工学をやったりしながら、別の世界に進んでいった人はいっぱいいるわけでね。

だから、どちらかといえば、内容だけの問題よりも……、実際上、役に立つ学問もあるけども、それよりも、「勉強する姿勢」そのものが役に立ったのではないだろうかね。

福沢諭吉《ふくざわゆきち》は、慶應義塾《けいおうぎじゅく》まで建てて、やっているけども、あれなんかも、もともと蘭学塾から始まって、あとになって、「英語をやらないかん」ということで、やり直した口だと思う。緒方洪庵《おがたこうあん》塾（適塾《てきじゅく》）で勉強したことは、ほとんど医学や工学の世界だったと思うから、実学という意味では実学ではあったけども、彼の専門

福沢諭吉（1834 ～1901）

から見れば、やっぱり違ったものだよね。

そうした知的努力をして自分を磨いた。夜も寝ずに勉強するというか、まあ、適塾なんか寝るところもないような状況で、雑魚寝《ざこね》ならぬ、「立ったまま寝る」とか、「もたれかかったまま寝る」とか、「何年か勉強したけど、気がついてみたら、自分には枕《まくら》がないことが分かった」とか、そんなあれじゃないかなあ。

枕を敷《し》いて寝れるような時代ではなかったし、（蘭和《らんわ》辞典の）『ズーフハルマ』みたいなのも、みんな奪い合いで、一冊の辞書を夜中まで写《うつ》すというような時代だよな。非常に非効率的な時代で、勉強した内容は、直接、役に立たなかったかもしらんけども、その学問態度そのものが、その後の人間性をつくっていったところは大きいんじゃないかねえ。

だから、偉人の条件の一つとして、まあ、もちろん内容の問題もあるけれども、やっぱり、「精神態度」っていうか、「厳しい試練のなかで自分を鍛え込む」っていう部分は、どうしてもあるような気がしてしかたないね。

人生、多少スタートが遅れても、取り返すことは可能

斎藤　今、精神態度、学問態度というお話を頂きましたが、学問態度を確立する上で、若い人が悩んで、よく口にするのが、「私はもう駄目だ」とか、「これ以上、努力できない」とか、「一生懸命、自分なりにやっているけど、もう無理」とか、「もう才能がないのよね」とかいうことです。そういうことを言って、ガクッと落ち込んだり、〝へこんだり〟することが、よくあります。

先ほど、「自分の努力の余地が分からないのではないか」ということを言われましたが、努力の余地というのは、人間にはどのくらいあるのでしょうか。

幸田露伴　だって、教えなかったら、（人間は）サル並みになっちゃうんだろ？

実際、まったく教えなかったら、サルみたいになっちゃうわけで、オオカミ少女の話もあるじゃないか。「オオカミにおっぱいをもらって育った人を、人間が引き取って教育しても、もう元には戻らなかった」「四つん這《ば》いで、四足で走ったり、わずか百語か二百語ぐらい覚えただけで、あとはそれ以上いかなかった」っていう話もあるように、教育で変わるものはあるということだな。

だから、多少スタートは遅れても、取り返すことも可能ではある。人生八十年あれば、けっこうまだまだ取り返せるからね。若い頃に、三年や五年、違った路線を歩んでも、まだまだやり直せると思うよ。

（斎藤に）君だって、絵描《か》き崩《くず》れだろうが。ええ？

斎藤　そうです。大川隆法総裁に拾《ひろ》っていただき、二十数年間、鍛えられました。

人生八十年あれば、
けっこうまだまだ取り返せるからね。
若い頃に、三年や五年、違った路線を歩んでも、
まだまだやり直せると思うよ。

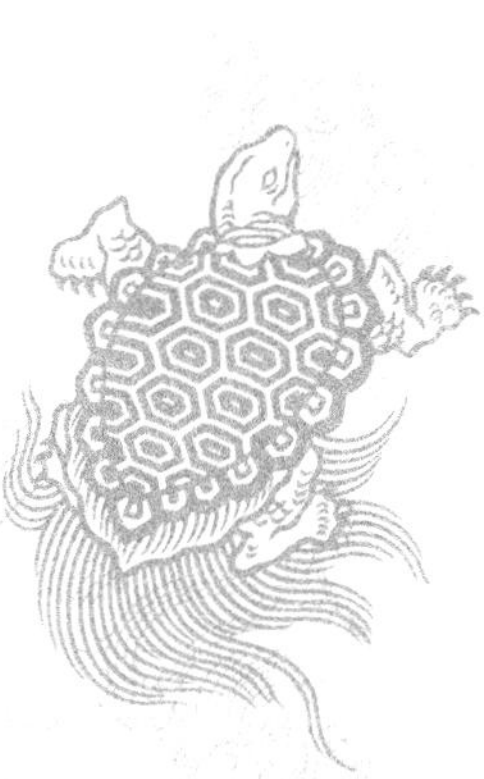

幸田露伴　そうだろ？　絵描きのなりそこねだろう？

斎藤　はい（質問者は東京芸大卒）。

幸田露伴　絵描きのなりそこねが、今、何の仕事をやってるんだ？　こういう本をつくったりしてんだろ？

斎藤　はい。

幸田露伴　君のやっていい仕事は、本の挿絵《さしえ》描きだよ。ほんとはな。

斎藤　はあ。

幸田露伴　実際はな、挿絵を描くのが君の仕事だな。それで一生が終わってもおかしくない。あるいは、表紙の絵を描くので一生が終わってもおかしくない。だけど、君は、いろんな本を出す編集の仕事をしておるんだろ？

斎藤　はい。つくり変えられてしまいました。

幸田露伴　それは、なぜかっていうと、勉強をして、内容ができてきたからだろ？　中身をつくらなかったら、詰め物をしなかったら、やっぱり、君は挿絵を描いてると思うんだよ、いまだに。

斎藤　はい。そうとう鍛えられました（笑）。

幸田露伴　でしょ？　だから、そういうことだからさ。やっぱり、人間、入り口の専門は違っても、変わってくるっていうことだよな。

斎藤　人間が変わってしまうということですか。

幸田露伴　斎藤茂吉《さいとうもきち》も、医者かもしれないけど、短歌なら短歌を一生懸命やれば、その道の一流にまでいくしなあ。やっぱり、それなりの修練をやらないと、そこまでいかないよな。

斎藤茂吉（1882～1953）

3　知識を富《とみ》に変える方法

才能だけで生き渡っていけるほど、世の中は甘くない

鈴木　幸田露伴先生の教えのなかで、私がすごいなと思うのは、「努力を、努力と思っているうちは駄目《だめ》だ」というものです。どうしたら、そういう境地にいけるのでしょうか。

幸田露伴　資産がないと、そうなるな。
資産がありすぎると、もうちょっといい道がいろいろあって、便利な方法をいっぱい考えられるので、「資産を使って、お金を何かに換《か》えて、うまいことといけ

ないか」っていう方法を考える余地があるけど、金がないと、結局、努力以外にない。努力っていうのは、結局、自分の体力と時間を使う以外にないということだよな。それで道を拓《ひら》くしかないので。

体力と時間を使って能力をつくり出し、能力を錬金術《れんきんじゅつ》のようにお金に変え、そのお金を次の事業や仕事のほうに展開していって、さらには、知識を身につけて人を使うに至る。そうしたら、経営者にもなりうるし、指導者にもなりうる。さらには、弁舌《べんぜつ》の才を磨けば、政治家になることもできる。まあ、そういうものだよな。

親からいろんなものを譲《ゆず》り受けて、幸福なスタート点を切った人は、それなりに喜ぶとしよう。それはそれで立派なことだけども、今度は、失うことばかりを恐《おそ》れて臆病《おくびょう》に生きたのでは、前進はしないだろう。有利なスタート点から出たら、それなりの高みを目指すべきだろうね。

政治家なんかは今、二代目、三代目でやっと総理を目指せるような状態になってるから、「土台が高いのは有利なことだ」というのは明らかではあるけどね。その代わり、偉大《いだい》な親とか、おじいさんとかとの比較をずっとされ続けることへのプレッシャーに耐《た》えなければいけない。これは、つらいところはあるだろうから、陰《かげ》ながら、日なたでない部分で、何か努力はやってるだろうとは思うけどね。才能だけで生き渡っていけるほど、世の中、甘くはないよ。何らかでヒットしても、一発で終わってしまうことは多いな。

知識を蓄《たくわ》えることは大事だが、「偽《にせ》知識」に注意せよ

斎藤　幸田露伴先生の〝お金学《かねがく》〟というか、富《とみ》のつくり方についてお伺《うかが》いします。今、若い人の悩みの一つに、「お金がない」ということがあります。若い人のなかには、ワーキングプア的に、「働いても働いても、なかなかお金が貯まらな

い」ということで悩んでいる方もいます。

「努力する」という、形而上《けいじじょう》的な精神的なエートスと、「お金」という、この世的に具体的に繁栄していくところとが、なかなかつながらない点もあるのですが、どうしたら、ここを突破できるのでしょうか。

幸田露伴　確かに、ここはね、「いわゆる知識的な勉強をして学問的な力を伸ばす。学者としての力を伸ばす。評論家的な力を伸ばす。知識を蓄《たくわ》えて先生になる」という道は一つあるけれども、先生には貧乏な人が多いよな。先生で、安月給で教えて一生が終わる人はいっぱいいる。知識をお金のほうに転化できる人は、もう一つ、別の才能が要《い》ることは事実ではあるよね。

斎藤　別の才能とは、どのようなものでしょうか。

幸田露伴　まあ、ここが「資本主義の原理」の発生点だと思うけどねえ。特に現代であれば、知識はもう氾濫《はんらん》しておるからね。これだけ氾濫していけば、普通は、お金がいっぱいになれば貨幣《かへい》価値が落ちていくのと同じように……。要するに、今、偽金《にせがね》づくり風に〝偽知識づくり〟が流行《はや》ってるわけだな。

君たちは、自分でいくらでも知識発信ができるんだろ？　小説家でもないのに、自分たちでいろんな記事やニュースを発信できるんでしょう？　いっぱい送って、誰でも作家になれる。短いかもしらんが、超短編かもしらんが、誰でも、作家にでもレポーターにでも記者にでもなれる時代でもある。

それから、パソコンを使えば、誰でも小説家になれないわけでもない時代でもある。印刷屋に頼まなくても、小説ぐらいだったら、売って読んでもらえるぐらいのものはつくれる時代だよな。

そういう意味でのインフレは起きていると思うから、気をつけないと、努力の生み出す成果が薄くなっていく気《け》はあると思うんだよ。気をつけないとな。

知識を富に変える秘訣《ひけつ》①――希少性《きしょうせい》

幸田露伴　ただ、このなかで大事なことは、一つは「希少性《きしょうせい》」だ。希少性というのは難しいけど、「珍しいこと」「手に入りにくいこと」「人が見てハッと思うようなこと」で、こういう希少性の価値を見いださなきゃいけない。

ダイヤモンドや金《きん》に値打ちがあるのは、希少性だよな。

小川の砂を一生懸命ふるいにかけて、キラッと光る金の粒、砂金を拾い上げて、それをためて溶《と》かし、金の塊《かたまり》をつくっていけば、値打ちができてくるね。

ダイヤモンドもそうだ。石ころと一緒に一生懸命、底ざらいをしていくうちに、ダイヤモンドが出てくるね。労働力のわりに、非常に希少だ。この希少な価値があると、値打ちを生むものがある。

もちろん、知識を得るためには努力しなきゃいけない。ただ、学校の勉強だったら、みんなやっているよな。だから、同じ勉強をして差をつけようとしたら、それはもう学力の差以外にないから、学力の高かった人が、比較的、職業的に有利な地位に就《つ》きやすくなっているよな。

だから、高学歴で、法学部や経済学部みたいな、いい学問を専攻した人は、有利な会社に就職して収入を上げることもできるし、理数系の勉強がずっとできれば、医学部に行って医者になり、高い年収をもらうこともできるよな。

このへんのところはあるから、みんなと同じ土俵で、同じような知識の範囲内でやるとしたら、三年なら三年、六年なら六年という同じ時間単位のなかで、人よりも効率のいい勉強をして、短期間で成果を達成する技《わざ》を見せれば、やや有利な職業や仕事に就くという道に進むことは、可能性としてはある。

普通は、これが一般的なやり方ではあろう。ただ、これは、そんなに大きな差はつかないものだよな。大企業に入れたとしても、残念ながら、天と地ほどの差はつかない。

大企業になると、「社長と新入社員の給料の差は十倍ぐらいしかない」と、今、言われているよな。代わりがいくらでもいるからな。社長が辞めても、副社長が社長になる。専務が（社長に）なる。いくらでも上がってこれるから。まあ、四年か六年かで交代し、首相でも一年ぐらいで交代されてしまうぐらい、代わりがいくらでもできてくるから。代わりがいくらでもできるってことは、「給料が高くならない」っていうことを意味しているわけね。

日本の総理だって、給料自体は、会社の社長よりも安い給料で働いていると思うけども、一年で交代できるものなら、代わりはいくらでもつくれるからなあ。そういう意味では、（給料は）そんなにものすごく高くはならないよな。

国会議員で二千万ぐらいの収入があって、首相になったら、突如《とつじょ》、収入が十億とか二十億とかになるんだったら、もう辞めたくないから、ほかの人を暗殺してでも、地位を維持したいかもしれないけども、まあ、そんなになるわけじゃなくて、せいぜい倍ぐらいになればいいほうでしょうからね。だから、労力に比して、大したことはない。

知識を富に変える秘訣②――創造性

幸田露伴　ただ、自分で何か新しい発明をしたり、あるいは、新しい事業をつくって大きくした者は、生み出した価値が大きい。

ゼロから大きいものをつくり出しているので、それだけの財産をつくることもできれば、その財産で人を雇《やと》ったり、事務所をつくったり、また新しい研究分野に投資したりすることによって、事業そのものを拡大していくことになって、大きな富を生むこともできる。

しかし、エジソンみたいに、電球とかを発明したような方でも、自分がやった時代には、そんなにお金持ちにはなっていないと思う。どちらかといえば、器用貧乏のほうだったと思うけれども、そのあとの会社は、世界最大級の会社になって、大きくなっているよな。富を生み続けている。

エジソンのやった研究をスタート点にして、それを〝頭金《あたまきん》〟にして、あとの人たちが「研究開発を重ねる遺伝子」をつくり、その文化的遺伝子の下《もと》、大きな事業にして富をつくり出し、世界中の人を幸福にすることによって対価を得て、大きな財産を築いたということだよな。

だから、「知識を富に変えていく術」のところは、難度として、十倍から百倍ぐらいの難度

トーマス・エジソン（1847〜1931）

●アメリカの総合電機メーカーのGE（ゼネラル・エレクトリック）のこと。

があると思うね。

斎藤　知識を富に変える難度は十倍、百倍ですか。

幸田露伴　勉強がよくできる人は、平均以上の職業や収入にありつける可能性は極めて高い。「七割以上の可能性で、平均以上の職業ないしは収入にありつける」ということは言えると思うんだ。

ただ、知識を、さらにもっと大きな富に変えていく力になりますと、やっぱり倍率は十倍から百倍ぐらいになっていくと思うんだなあ。

斎藤　その難度を突破していくためには、創造性が？

幸田露伴　うん。だから、先ほど言った「希少性」をね。

斎藤　はい、希少性を。

幸田露伴　「創造性」という言葉で言ってもいいかもしれないけど、「人が今までつくったことがないこと」「考えたことがないこと」「まだ発見されていないこと」、こういうものをつくったなら、やっぱり希少性があるから、値打ちを生んでくるねえ。

さらに、それが発展する可能性のあるものであった場合は、富は大きなものになっていくよね。

いろいろな情報のなかから、砂金の部分を集める

斎藤　そのための日々の心構えと言いますか、露伴先生なら、「生活のなかで、こうする」というものがありましたら、お教えいただけないでしょうか。

幸田露伴　本を読むのが好きな方とかは多いと思うんだよ。まあ、多くはないのかな？　多くはないかもしれないけども、読書の習慣とかがあって、知識が好きな人は、そこそこいるだろうと思うんだ。

今は、本を読まないで、電子機器類から情報を取る人も多いとは思うけども、いろいろ調べたりして、知識を得たいと思う人はいっぱいいると思う。

知識を得ることはできる。電子辞書には、いろいろな検索機能がいっぱいあると思う。だから、知識を得ることはできる。

ただ、その知識を、富あるいはお金に変えていく力のところは、そう簡単にいかないね。逆に、知識を取るために金を払わされているほうで、それをつくっているやつらが、金を儲《もう》けるのがうまいんだよ。

斎藤　はい。いっぱいお金を取られています（笑）。

幸田露伴　そういう電子機器類や辞書、本を売って、買わせているやつのほうが、頭がいいな。そちらは金儲けになるけど、買うほうは金儲けにならないね。消費、支出になるだけだ。

買い入れた書籍を、買った原価以上のものに変えない限り、錬金術で鉛《なまり》を金《きん》に変えない限り、元を取れないことになってるよな。残念ながら、単なる心の安らぎとか、頭の訓練とか、ボケ予防ぐらいで使っているだけでは、そうはいかない。

読書とか、それ以外に、検索したり調べたりする機能もいろいろあるとは思うんだけど、先ほど言ったように、砂金を探すこと。作業は小川で砂をすくっているのと同じでも、「その情報のなかから砂金を見つけよう。あるいはダイヤモンドの粒《つぶ》を見つけよう」という気持ちを持っているかどうかは大きいと思うんだ。

斎藤　砂金を見つける気持ちですか。

幸田露伴　うん。知識を集めて、例えば、本のかたちにつくるのは、難しいことではないよね。検索していろんなところから引いてきて、それを集めて二百ページぐらいの本にすることは難しくないし、論文を書くにしても、学者論文でもそうだけども、いろんな人の意見を集めてきて継《つ》ぎ接《は》ぎしてつくること自体は、そんなに難しいことではない。それは作業だ。

「その情報のなかから
砂金を見つけよう。
あるいはダイヤモンドの粒《つぶ》を見つけよう」という
気持ちを持っているかどうかは大きい。

ただ、作業としてやっているうちは、基本的には駄目で、「Aさんがこう言いました」「Bさんがこう言いました」「Cさんがこう言いました」っていうだけでは、値打ちを生むものじゃない。ほかの人が、それを通して、ちょっとでも便利になったら、その部分について、少し薄い手数料がもらえるぐらいだよな。

砂金の部分を加工して、新しいものをつくり出す

幸田露伴　しかし、「そこから砂金の部分を集めて、これを鋳直《いなお》したら、金《きん》の塊ができ、小判にもできれば、金の観音様《かんのんさま》の像もつくれる」っていうなら、値打ちがぐうっと上がるよな。ここのところだね。

だから、まずは「〝砂金〟ないし〝ダイヤモンド〟を、実は自分は選び出しているのだ」ということを考えておかないといけない。

これを考えずに、ただただ時間を費《つい》やす、例えば、テレビを観《み》るのに時間を費

やす、あるいは本を読むのに時間を費やす、そうして時間だけ潰《つぶ》している人はいっぱいいるんだ。だから、ここがまず第一点ね。

次に、その金《きん》なりダイヤモンドの原石は、そのままだったら、大した値打ちじゃない。これを加工することによって値打ちが出るわけでしょう?

斎藤　次は加工ですか。

幸田露伴　うん。ダイヤモンドを指輪に加工したり、ネックレスに加工したり、王冠みたいなものに加工したり、ドレスのなかに埋め込んだり、時計に入れたりすることで、値打ちが出る。

金《きん》だって、加工することによって、それだけの値打ちが出る。当然、売り買いの相場では「金だけで一グラムいくら」っていう値打ちはあると思うけど、どう加工するかで値打ちが上がるでしょう?

要するに、まずは、「希少価値のあるものを、いろんな情報源のなかから吸い上げていく能力」が一つ要《い》って、それに、「さらに加工をして、新しいものをつくり出していく」という創造性を付加していくことだ。これが、(難度が)十倍、百倍の技術だと思うんだよな。

今、情報は溢《あふ》れているから、本屋に行けば、誰だって情報が得られる。でも、大手の書店に置いてあるほどの本全体分ぐらいの知識を持っている人なんていないですよ。いるわけがない。ただ、その全部の本を読んだからといって、何も生産するわけではないんだよ。

斎藤　なるほど。ありがとうございます。

希少価値のあるものに、
「さらに加工をして、
新しいものをつくり出していく」という
創造性を付加していくことだ。

4　お金の貯め方・使い方

単にケチケチしている人には、お金は寄ってこない

吉川　今、お金の生み出し方を教えていただきましたが、生み出したあと、今度は、お金を使う技術が必要だと思います。これに関して、冒頭お話しいただいた「幸福三説」について、お伺《うかが》いしたいのです。

幸田露伴　うん、うん。

吉川　幸田先生は、幸福三説のなかの「惜福《せきふく》」について、「使い切らないこと」

と教えてくださっていますが、これとケチであることの違いを教えていただければと思います。

幸田露伴　ああ、それはねえ、難しいところはあると思うんだよ。

すごくケチケチして始末（倹約の意）したり、お金を使わないようにケチケチして値切ったりして、できるだけ安くして生活を防衛している人はいっぱいいるけど、お金が貯まっているわけじゃないっていう人はいっぱいいるね。そういう人はたくさん

幸福三説（三福説《さんぷく》）

惜福《せきふく》：自分の持っている幸福を全部使い尽くしたり、取り尽くしたりしないこと。
分福《ぶんぷく》：自分の得た幸福を他人に分けること。
植福《しょくふく》：人の世の幸福を増進し、大きく成長させるための行いを為すこと。

（参照）幸田露伴『努力論』

見たし、昔からいっぱいいるよ。ケチをしているわりには、金《かね》が貯まったためしはあんまりないんだね。

それは何かっていうと、経済学の講義になってしまうかもしれないけども、ケチをしてお金を貯めていくなかに、「資本の集中」っていう問題が出てくるわけだ。

資本は一定以上の大きさになったときに、初めて力を持つようになってくる。例えば、「会社の経営をやりたい」と思ったら、資本金が必要になってくるね。今は一円でも会社がつくれるっていう話も聞いてはいるけれども、実際上、一円で会社はできやしないよな。

まあ、銀行から金を借りるっていうのもあるかもしれないけど、銀行から金を借りるにしたって、信用がなきゃ借りられないから、何でもないのに、「サラリーマン、辞めました。はい、金、貸してください」と言ったって、そう簡単には貸してくれないよな。

「親御《おやご》さんから頂いた土地でもありますか」とか、「譲られた会社か何《なん》かあるんですか」とか、何か、そういうものでもあればねえ。

あるいは、何か資格を持っているとかね。医師の免許でも持っていて、「開業資金で借りたい」と言えば、「一定の期間で回収が可能かな」と思って、何千万か貸してくれるかもしれない。弁護士の資格を持っていたら、弁護士事務所を借りるぐらいの金は貸してくれるかもしれない。

そのように、回収の見通しが立てば、借りることもできるかもしれませんけど。

要するに、資本の集中が大事なんだけど、普通は、ただケチしているだけでは、金は貯まらないんですよ。ケチしているうちに、人間がさもしくなる場合もあって、ケチケチしている人のほうには、金が寄ってこない。儲《もう》け話がやってこない。あるいは、付き合う人として、お金があるような人が寄ってこないようになってくる。そういう同類が集まってくるようになるんだ。これが、気をつけないかんところなんだよな。

だから、ケチしていくのは、ケチのためのケチじゃなくて、将来のための蓄《たくわ》えをするために、無駄《むだ》な部分、余剰《よじょう》な部分を削りながら、小さいながらも「わが家の資本の蓄積」っていうのが要《い》るわけよ。

これは、昔はよくやっていたことで、貧《まず》しい家庭の親が、子供を大学へやるために、十年以上かかってコツコツ金を貯めたりしていたよね。質素倹約で、大学に入《い》れるお金を貯めて、大学にやることによって、(子供が)親の職業よりもランクが上の職業に就《つ》いて収入が増えれば、それは投資として効果がある。だから、教育は、一つの投資として考えられている。

ただ、この投資効果は、数百万から一千万、せいぜい二千万ぐらいまで(の投資)で、十分効果があるものだね。まあ、こういう意味でのケチはいいんだ。

秀吉《ひでよし》の出世が早かったのは、「くれっぷり」がよかったから

幸田露伴　わしは、（生前）ケチの代表として、「徳川家康《とくがわいえやす》」を挙《あ》げています。まあ、徳川家康はケチの代表というか、惜福の代表ですけど。だから、徳川時代は発展もあんまりなくて、同じようなレベルでずーっと続いていった。堕落して崩壊もしなかったけど、発展もなかった。ある意味では、三百年近い間、文明の歩みを止めた部分もないわけではないので、ちょっと残念なところがあったね。

もし、「信長《のぶなが》的なもの」がガーッといっていたら、分からなかった。信長は新奇《しんき》性に非常に関心を持っていたから、新しいものをどんどん取り入れただろう。洋風化をどんどんやって、キリシタン・バテレンの考え方を入れて、ずいぶん近代化

徳川家康（1542～1616）

しただろうと思うね。そのへんは（家康と）違うと思う。
「秀吉《ひでよし》」の場合は、近代化という意味では、どうだったかは分からないけれども、少なくとも、分福《ぶんぷく》の代表として秀吉を私は挙げている。

斎藤　分福ですか。

幸田露伴　「くれっぷり」がよかったね。あれは出世の速度と関係があるよな。
　やっぱり、くれっぷりのいい人は出世がいい。会社でいくと、部下によく飲ませたり食《く》わせたりする上司の場合は、出世が早くなるところはあるよな。収入が

織田信長（1534～1582）

豊臣秀吉（1537～1598）

高くなった分を自分のものだけにしていると、出世は遅くなる。場合によっては、会社では出世しているけども、個人的には借金過多《かた》っていう人もいることはいるよな。これはちょっと気をつけないと、破滅になる場合もあるので、何とも言えないけども、借金自慢をしている人もいる。借金してでも、部下を飲み食いさせたりしているような人もいる。まあ、これも社内投票的に出世する一つの方法なのかもしらんですけどねえ。

商売も、ただのケチでは発展しづらい

幸田露伴　そういう意味で、ただのケチだけで、吝嗇《りんしょく》という噂《うわさ》が立ったら、どうだろう？　商売も発展はしづらいかもしれないね。

「無駄を排除する」というようなことはいいけども、八百屋《やおや》で言えば、「しなびた野菜でも、無駄になったら損だから、まずそれを売りつける」とかいうような

癖《くせ》を持っているとかな。牛乳で言えば、「三日前に仕入れたやつのほうを先に売って、今日入ったやつは隠しておく」みたいな仕方は、昔はいいと思われていたんだろうと思うけども、現代の考えではきっと合わないだろうね。

だから、ケチっていうのが、「ある意味での合理性というか、そういう考え方のなかで、無駄な時間・無駄なお金・無駄な投資・無駄なスペースを省《はぶ》いていって、使う頻度《ひんど》を上げ、有効利用を十分にやる」ということであれば、お店だって、ガード下でも繁栄するものは繁栄する。

ところが、一等地に出しても、家賃が高くて、土地代が高くて、潰《つぶ》れるところはすぐ潰れる。そういうところがあるからね。

派手好きは、事業がよく潰れるのは事実だ。「銀座あたりに本社を出したら潰れる」とか、よく言われるじゃないですか。そういうことはあるね。

だから、あくまでも、合理的に節約しつつ、それを「将来の事業投資のため」

と思って、目標を持って蓄えていくような心境を持っていれば、繁栄する可能性はあるんじゃないかな。

そのなかで貯めつつ、また一方で、一部はほかの人にお裾分《すそわ》けしていかないかん。これが難しいところなんだよな。

「惜福・分福・植福《しょくふく》」は、事業の発展形態と永続性とも関係がある

斎藤　「福を惜しむ」「福を分ける」「福を植えていく」という、この三つのバランスを取るのは、なかなか難しいことかと思います。

幸田露伴　いやあ、難しいことだと思うよ。ほんとに難しい。

斎藤　このあたりのコツについて露伴先生が若者にアドバイスするとしたら、ど

あくまでも、合理的に節約しつつ、
それを「将来の事業投資のため」と思って、
目標を持って蓄えていくような心境を持っていれば、
繁栄する可能性はあるんじゃないかな。

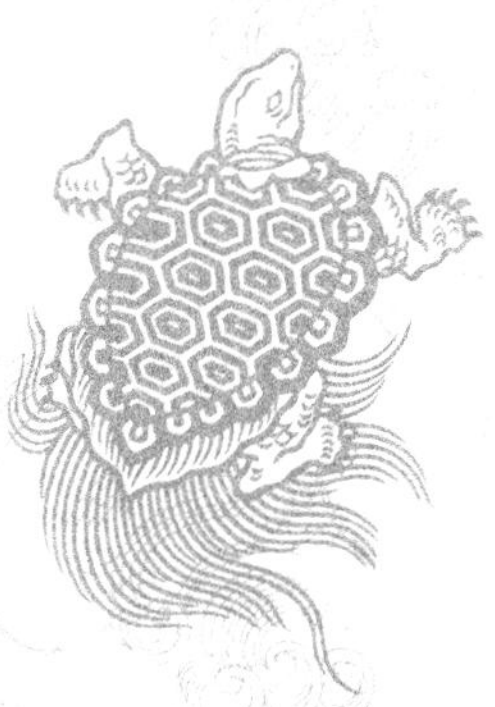

のようなことを話されるでしょうか。

・利益を出すために、経費を削る努力は要る（惜福）

幸田露伴　一応、考え方として知っているかどうかはすごく大きいと思うんだよ。会社だったら普通、まずは赤字にならずに利益が出る。まあ、これだけでもまず成功だよね。ここが最初だから、赤字を出さずに利益を出すために、経費で削れるものは削って、「コピーマシーンの紙一枚も無駄にするな」とか、あるいは、一流企業でも、「エレベーター（のボタン）を何回も押すな。一回押したら、（電気代が）五円ぐらいかかる」とか、「二円かかる」とか、いろいろ言っているところもある。「なるべく押すな」とか、自動的に開閉《かいへい》するまでの間、待てないやつがいて、（ボタンを）押して開けたり閉めたりすると、「積もり積もって（電気代が）高くなる」とか言うわけだ。

こんなケチケチ運動をやっているところがいっぱいあるよね。「従業員は階段を使え」とか言っているところがある。

これも涙ぐましいところではあるけども、あんまり表に出すぎると、お客様のほうが不快感を感じる場合もないわけではないので、気をつけないといけない。

ただ、まずはそう言って黒字にし、給料が払えるぐらいの会社をつくらなきゃいけないね。黒字をつくって、給料が払えるぐらいにはしなきゃいけない。採算が取れなきゃいけない。これは最低限だ。

そのためには、惜福の努力が要るだろうと思う。入ってくる収入よりも支出のほうが少なくないと、黒字化はしないから、使いすぎたら駄目ですよね。だから、それをやらなきゃいけない。

・黒字化したら、社員や株主に還元を（分福）

幸田露伴　収入が黒字化してきたら、次は、社員のなかでも、よく働いている者は、それなりに遇《ぐう》してやる。給料を上げてやったり、役職を上げてやったりしなきゃいけないし、あるいは、株主が出資しているなら、株主に適当な配当はしなきゃいけない。

株主に配当したくないものだから、ケチをして利益が出ないように見せている会社はいっぱいある。

長い目で見て、株主を愛していないから、出資させておいて、結局、「利益が出ていません」と言う。要りもしない工場を建てたり、要りもしない土地を買ったりして利益を減らし、国に払う税金を減らし、さらに株主の配当を減らす。こういうことをやっている会社があるよな。

これは分福が足りていないよ。いずれ、株主から見放されていくというか、人気が出ない会社になるね。いずれ、これは分かってくる。要するに、自社のなかだけのことを考えているからだ。社員のことを考えるのは大事なことだと思うけども、社員のことしか考えていないとなると、これは問題があって、そういう会社は公共性が足りないので、やっぱり人気が出てこないよね。

だから、社員のことも考えるけども、「社会への還元」も何らか考えることだ。利益が出すぎたところは、それをプール（蓄積）して、財団をつくったりすることもあるし、アメリカなんかには、利益の一パーセントとかを福祉事業に回したりするようなところもあるよな。

こういう意味での分福をやっていくわけだ。強者《きょうしゃ》の特権というか、利益が出ている者や、お金持ちの義務として、乞食《こじき》に恵んでやる気持ちかなあ。駅前で乞食をやっているやつにチャリンと入れてやる、その気持ちはやっぱり要るよな。まあ、これがある。

・子孫や社会・国のためになることをしていく（植福）

幸田露伴　さらに会社が安定的に発展していくなら、やっぱり将来を見据《みす》えてやらなきゃいけないことがあるよな。

やることが、自分たちの会社のためだけじゃなく、さらに、「街自体を発展させよう」とか、「国を発展させよう」とかいう考えがあるかどうかっていうことは、大きいと思うんだよ。

「うちの工場が出ることによって雇用《こよう》を生む」ということがある。例えば、「集団就職して、都会にばかり若者が出て、（地元に）全然若者がいない。こういうところに工場を出していただけたら、職業ができて、勤める先ができて、みんな帰ってくる。若者がいなくて苦しんでいるので、（工場を）出してもらえませんか」というようなことで、それで、「分かった。ちょっと運送費がかかるかもしれないが、そのへんは会社のほうで何とかひねり出して利益を出そう。そちらのほうでも事業を起こして、就職先をつくってあげようか」と、こうなってきたら、ちょっと植福《しょくふく》っぽい考えになるよね。

あるいは、お酒の会社とかビールの会社とか、そういうところは、きれいな湧《わ》き水を確保するために、植林をしたりしている。「森の保水《ほすい》能力を高めて、きれいな水を、百年、二百年後のためにつくっていく」ということをやっているけど、これも植福に当たるね。

植福のもともとの考えは「植林《しょくりん》」からきている。今はスギ花粉でみんなご苦労なされて大変かと思うが、戦後は家を建てるにしても木がないと建たないから、はげ山に苗木を植えて、木を育てて。その木を伐《き》れるのは、三十年後、五十年後だったからね。

スギ花粉のことは、わしもよく知らなかったけども、今は花粉の少ないものもできつつあると思う。

自分自身がそれを伐り、売りさばいて収入にはできないけども、そうやって山に木を植えておくと、孫の代でその木を伐って、孫を医学部にやることができるようなこともあったり、あるいは、新しい産業のもとになったりするようなこともある。

要するに、自分自身に返ってこないもののために、将来の子孫や地域の人のために、あるいは、国のため、社会のためになるようなことの仕掛けをやっていくことが、植福だね。

君たちで言えば、植福ということで、教団の発展のために、自分の収入の一部を差し出している。もちろんそれ自体が修行でもあるんだけども、将来の子供たちのために、例えば、学園事業のためにそれが使われたりするのは、今世《こんぜ》でも見

自分自身に返ってこないもののために、
将来の子孫や地域の人のために、
あるいは、国のため、社会のためになるようなことの
仕掛けをやっていくことが、植福だね。

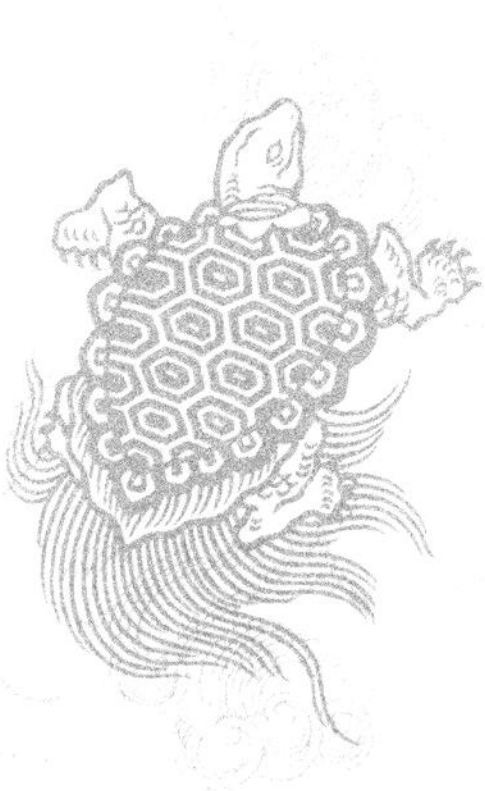

ることはできるよね。子供たちが教育を受けたり、大学に行けたりするようなこともある。あるいは、「来世《らいせ》、還《かえ》ったときの徳として積まれている」ということもある。

だいたい、実際に「身銭《みぜに》を切る」というのは、非常に難しいことだよ。お金持ちでも、「理由もないのに金を出す」というのはなかなか大変なことだ。義援金《ぎえんきん》とか言っても、みんな疑ってかかるのが普通だし、宗教みたいなところも、お金を集めているところはどこもそうですけども、みんな、だいたい疑ってかかることは多いからね。「宗教が金集めのためにやってるんだろう」みたいな見方が、新宗教への見下しなんかによくなっているんだろうと思う。

「会社は税金を払わなきゃいけないのに、宗教は税金を払わんでいい」とか言っているけど、会社だって、「七割以上は赤字会社で、税金を払わずにやっている」という話もあるから、まあ、一緒は一緒だ（笑）。しかも、場合によっては、大きくなってきたら国から血税《けつぜい》が投入されている会社もあって、そういうところほど威張《いば》ってるものでしてね。だから嫌われる。

まあ、頭のなかに、「惜福・分福・植福」という考え方を持っていることは、事業の発展形態と永続性のところに関係してくるということだよな。

三福《さんぷく》の考え方は、仏教思想に由来する

斎藤　こうした思想は、ご自身で発明というか、発見されたのでしょうか。

幸田露伴　うーん……。まあ、「明確に言った」としたら、そうかもしれないけども、基本的には、仏教思想のなかにも似たものはある。私も、仏教はだいぶ勉強したのでね。仏教思想のなかにそういうところもある。

あなたがたも勉強している本多静六《ほんだせいろく》さんも、「四分の一天引《てんび》き法」とか言って、

「とにかく収入の四分の一を天引きして貯金していったら、だんだん金が大きくなって、次はそれを投資して、株長者《かぶちょうじゃ》になったり、あるいは、『昔だったら、鉄道が引かれる所が分かっていたら、あらかじめそのへんの山林《さんりん》を買っておけば、ものすごく値上がりするのが分かっているから、それでお金ができる』ということで、そういう投資をして金を儲けたりする」ということを言っていたと思う。

あの「四分の一天引き法」なんかは、仏教でお釈迦《しゃか》様が説いている話だからね。「収入を『必要な生活のために』とか、『将来のために』とか、『恵まれない人のために』とか、幾つかに分けて、お金を使うように」というのは、（お釈迦様が）

『人間にとって幸福とは何か』
（幸福の科学出版刊）

本多静六（1866～1952）
林学博士。造園家。

教えていることだよ。

だから、そういう考え方自体は流れている。まあ、明確に言ったのは私かもしれないけれども、重要な心構えかと思う。

植福の思想自体は、仏教思想と非常に関係が深いということだし、分福の思想も、仏教で言うと、チャリティー活動なんかに相当する部分だよね。キリスト教もそうだけども、バザーみたいなものをやって、みんなからお金を集めては、その集まった金を、恵まれない人たちのために使ったりするよね。そういうのに、ちょっと似てはいるかな。

5　勉学に励《はげ》む学生たちへの助言

無駄遣《むだづか》いしていないか、ありがたみを感じているか

鈴木　学生である間は、親からお金をもらって、勉学に励《はげ》む人が多いと思います。そこで、学生が三福《さんぷく》を実践する上で、お金以外の視点があるのかどうか、ぜひ教えていただきたいと思います。

幸田露伴　まあ、惜福《せきふく》は可能なところがあるでしょうね。親からもらったお金を無駄《むだ》なことに使う人はいっぱいいますよ。麻雀《マージャン》屋を食べさせている人は、「これは植福《しょくふく》や分福《ぶんぷく》だ」と言っているかもしれないけど、親と

しては、大学の教科書を買っているんだったらしかたないと思うけど、まさか麻雀屋でそれを使われているとは思ってないかもしれませんね。

あるいは、「浪人して司法試験の勉強を延々と続けている」と称しては、遊郭《ゆうかく》に通っているなんていうのもいるかもしらんけど、やっぱり、これは使い方が間違っているかもしれないね。

だから、学生だって、生活態度のなかには、お金の使い方が含《ふく》まれるだろうと思うよ。

ただ、気をつけないと、食べるものも食べずに節《せっ》して、栄養失調で死んでしまう人も出るから、ほどほどにしなきゃいけないところがあるとは思う。

そういう意味で、無駄金だな。パチンコに費《つい》やすとか、麻雀に費やすとか、競艇《きょうてい》・競輪《けいりん》に費やすとかね。（二十歳未満の）学生は競輪とか競馬《けいば》とかやってはいけないと思うけど、予備校生でも（二十歳以上なら）できるんだよな。確かかね。

そんなことで、「予備校へ通っているはずなのに、実は、競馬場で馬券を買って、（レースを）見ていた」とかいうような者もいるわけだ。

いわゆるドラ息子・バカ息子の類《たぐい》ですけども、現実にいますから、生活での無駄が出てないかどうかを見ることは一つあるよね。

あとは、家庭教師から始まってアルバイトもあるかもしれない。それから、奨学金とかをもらう場合もあるよね。こういうものを頂く場合には、それに「ありがたみ」を感じているかどうかは大きいことだね。

斎藤　ありがたみを感じるかどうかがポイントですか。

幸田露伴　うん。「社会の人々から支えていただいている。奨学金を頂いて学生生活を送れる。そのおかげで自分はバイトの時間を減らして、勉強ができたりする」というなら、これ（奨学金）は生きてくるし、あるいは、「卒業したあと、それを社会にお返ししていきたいな」という気持ちを持っているなら、その人は偉《えら》くなる可能性があると思う。

当然ながら、運転資金としてただカウントしているだけだったら……、奨学金をもらって、それをパチンコの玉に換《か》えていたら、やっぱり駄目でしょう。奨学金を借りて、それを新しい電子機器の遊び道具に換えて、ゲーム機械に使って遊んでいるだけ、「新型に換えた」なんて言って遊んでいるだけだったら、やっぱり駄目だろうね。

そのへんのところはあるから、（三福をどう実践するかについて）多少は考えられるんじゃないかね。

成功する人は、結婚相手として、〇〇なタイプの人を求めるもの

斎藤　現代社会を生き抜く知恵のなかには、富《とみ》やお金の問題もありますが、（鈴木を指して）隣の質問者が、「若者には、もう一つ、〝切実《せつじつ》な〟悩みがある」ということを言っておりまして……。

幸田露伴　切実？

鈴木　「学生時代は、努力をしていかなければいけない」という自覚を持っている学生も多いのですが、若さゆえにというか、どうしても異性への関心や恋愛問題に時間を使いすぎてしまう人もいます。

そこで、異性と付き合いながらも、努力を続けていくコツがあれば、ぜひ教え

ていただきたく存じます。

幸田露伴　それ、お金は関係ないのか。

鈴木　そうですね。お金をそこに使ってしまうということも、ありうるかもしれません。

幸田露伴　確かに、異性にもてようとしたら、おしゃれも要《い》るからね。それで金を使うっていうこともあるから、難しいところがあるよね。魚釣りの餌《えさ》の、餌代に当たると考えれば、それにお金を使うというのもあると思うんだけど。うーん。

まあ、異性の問題は、人生経験として、ある程度、勉強しなきゃいけない面もあるとは思うんだけども、孔子《こうし》の「(男女)七歳にして席を同じゅうせず」という教えじゃないが、一定の禁欲の期間っていうか、何かに打ち込まなきゃいけない時間があることも事実で、「それを経《へ》ていなくて本物になる」っていうのは、やはり、なかなか難しいところがある。

「異性と楽しく付き合えて、時間があって、しかも勉強もできて、就職もよくて、うまくいく」という、傍《はた》から見たらうらやましい限りの人もいるけども、えてして、それは誇示《こじ》している場合が多い。「いかに自分がもてて、女性とデートしていても、学校の成績がものすごくよくて、いいところにも就職できて」とか。まあ、家の自慢も重なっていたりしてねえ。そういうこともあるけども、本人が自慢して、見せつけている場合が多くて、あとあと、破綻《はたん》しているケースは多いと思うね。

結局、人生で成功するタイプの人間っていうのは、男性でもそうだし、女性でもそうだけど、どちらかといえば、堅《かた》いタイプの人というか、実直なタイプの人を求める傾向が……。

斎藤　実直なタイプを求める？

幸田露伴　うん。実直・堅実なタイプを求めるんですよ、相手としては。相手に破滅型の人を選んだ場合は、結婚したら、だいたい破滅がやってくるんですよ。それが多いので、（人生で成功するタイプの人は）どちらかといえば、実直な、堅実なタイプの人を求めることが多いのです。

学生時代は、身を節《せつ》する気持ちが大事

幸田露伴　実直・堅実ということであれば、「学生時代に、浮《うわ》ついていたり、何十人もからデートに誘われたりするような生き方をすることが、好《この》ましいか」と

いえば、そうは見えない。そういう、たくさんの男性から声をかけられる女性や、たくさんの女性からいっぱい追い駆け回される男性は、スターの卵みたいな雰囲気を持っているタイプだろうけど、結局、破滅型になる可能性は、人生的には多いだろうと思うんだ。

だから、ある意味での惜福や植福にも似た考えっていうかな。「実際はもてるんだけど、ある程度、人生の無駄を省《はぶ》く」っていうかな。相手に……、何て言うのかなあ。

釣り堀《ぼり》で魚をいっぱい釣って、釣っては放し、釣っては放ししたら、魚も傷だらけになるじゃないですか。あれは痛いですよ。何回も釣っては、バサーッとまたバケツで戻していますけど、ああいうふうに、本気じゃないのに、「自分はもてる」ということで、魚を釣っているような感じで異性と遊んでいるような人は、やっぱり、釣り堀の魚と一緒で相手も（心が）痛みますから、痛んだ分だけの恨《うら》みの念波《ねんぱ》は、多少は積み重なってきます。それが、悪徳として残って、一部、頭の上に悪徳の雲が渦《うず》巻いてくるのです。「将来、こいつに何らかの災《わざわ》いあれかし」「なんぞ、こいつに天罰を与えたまえ」という思いが、頭に乗っているから、どこかのチャンスで、その人にとってマイナスというか、事故やケガ、病気、あるいは、出世の階段から転げ落ちるようなことが来ることは多いよね。

だから、その意味での堅実さというのは、経済的な堅実さと似たようなものがあると思うんだ。遊び好きで、遊びのほうで時間を費やすタイプの人は、お金のほうでも、やっぱり、無駄な投資をしたり、あぶく銭《ぜに》を使っちゃったりすることが多いと思うんだ。要らないものを買っちゃったり、使っちゃったりするケースは多いと思う。

まあ、あんまりもてないと思うかもしれないけれども、人が遊びたいときにちょっと我慢して、将来のために、自分の勉強や研究あるいは仕事のために、身を節《せっ》する気持ちを持っているということは大事なんじゃないかなと思うんだよ。

自己を律して、一貫した生活態度を守ることの大切さ

幸田露伴　ここ（幸福の科学）の話をしちゃ問題はあるかもしれないけども、大川総裁も、夜遊びは一切しないでしょう？　教団を始めてから一貫しているでしょう？　夜遊びはまったくやらない。まったくやらない。

斎藤　一切、出かけられません。

幸田露伴　夜は必ず晩ご飯を子供たちと一緒に食べていますが、この心がけは、実は、今、千五百冊の本が出ているということと関係があるんですよ（収録当時。二〇一四年九月時点で発刊点数は千七百冊を超えている）。そういう生活態度を

人が遊びたいときにちょっと我慢して、
将来のために、
自分の勉強や研究あるいは仕事のために、
身を節《せっ》する気持ちを持っているということは
大事なんじゃないかな。

守らない限り、絶対にそうならないんですよ。夜、人の誘いに乗って、いくらでもホイホイホイ出ていくような生活をしていたら、まずできない。

「新聞記者で晩酌《ばんしゃく》の習慣のある人は、本が書けない」と、伝説的に言われていると思うけど、夜、酒を飲む癖《くせ》がある人は、家へ帰って原稿を書けないよね。また、夜、酒を飲んだ人は、朝早く起きて書くっていうのは、けっこう厳しい。朝はもう二日酔《よ》いをしてますからね。午前中いっぱい、だいたい仕事ができないことが多く、昼ご飯を食べて初めて目が覚《さ》めてくるのが普通なんだ。そして、夜になったら、また提灯《ちょうちん》が懐《なつ》かしくなって、スーッと吸い込まれていくというパターンで、繰り返しお呼びが来るんです。●「牡丹灯籠《ぼたんどうろう》」じゃないけど、お呼びが来て、スーッと吸い込まれていって、お仲間に引っ張っていかれる。だから、そういった知的な作業や、根気《こんき》の要るような作業はできない。

だから、総裁が時間管理をものすごく徹底しているのは、実はそのへんがある

●若い女性の幽霊が、毎夜、男に会いに行くものの、幽霊であることがばれ、最後は男を恨んで殺すという話。「四谷怪談」「皿屋敷」とともに、日本の三大怪談とされる。

と思うんだ。収入はいっぱいあると思うけど、そういうものには全然使ってないですね。「無駄なものには使わない」っていうことは、はっきりしている。
そらあ、収入があったら、夜、大枚《たいまい》をはたけば、遊ぶ所や、お酒を飲んだり芸者さんをあげたりする所はいっぱいあるだろうし、作家さんなんかだったら、みんな、そういう所でけっこう散財して、それにたかってくる人もいっぱいいると思うけども、一切、そういうのがない。
君らは、編集部にいたって、何も接待しないんだろ？

斎藤　ほとんどしません。

幸田露伴　ゼロだろ？　「ほとんど」とは言えない。ゼロでしょ？　はっきり言ってね。

普通は、作家に書かせるんでも、いろいろと連れていったりしてねえ。温泉に連れていったり、〝缶詰〟にしたり、飲ませたり、食わせたり、いろいろしながら書かせるけども、（大川隆法は）ゼロでしょう？

このへんは、やっぱり、その部分の自己規律をやっているからだろうと思うんだよ。それが、続いている理由でもあろうと思うんだ。

だから、一時期、マスコミがいろんなかたちで叩《たた》いてきても、結局のところ、生活の態度がずーっと一貫しているので、生産物が出続けているよね。

やっぱり、（生活態度が）乱れていたら、出続けない。そのへんを見たら、そういう仕事をやっている人にはよく分かるよ。「これは（生活態度が一貫していない限り）無理だ」っていうことを、よく分かっているからね。

それだけ、面白くない自己研鑽《けんさん》に励み、生産し続けるということは、辛気臭《しんきくさ》い話だし、ずいぶんつらい話ですよ。よっぽど動機がない限り、できやしない。

もちろん、「この世的に有名になりたい」とか、「お金持ちになりたい」とかいう動機もありうるとは思うけれども、もし、「ほかの人のためになるようなことをしたい」という動機でやっているとしたら、やっぱり、次第しだいに認められていくことになるだろうね。

6　運命と自力《じりき》の関係をどう考えるべきか

他力《たりき》を、感謝の気持ちとして捉《とら》える

斎藤　露伴先生にどうしてもお訊《き》きしたいことがございます。それは、あの世との関係についてです。

幸田露伴　あの世ね。

斎藤　はい。「神や仏を信じてお任せしよう」という気持ちと、「努力して頑張っていこう」という心がけには、微妙なバランスが要《い》ると思います。難しい言葉では「他力《たりき》と自力《じりき》」、または「運命と自力」になると思いますが、このあたりの関係について、特に若い人は、どのように考えていけばよいのでしょうか。方向性をお示しいただければ、とても参考になると思うのですが。

幸田露伴　うーん……。宗教によっていろいろと考え方が違うので、他力中心のところもあるし。まあ、他力のほうが、人気があるからね（笑）。基本的には、他力門のほうが易行道《いぎょうどう》だから、大勢の人を集めやすい。キリスト教だって、ほんとは他力だしね。

一方、自力を説けば、「これは宗教じゃない」ということで、しかも、基本的には難行道《なんぎょうどう》に入るわけだから、人は少なくなるよね。修行者は構わないけど、修行者になりたい人は多くはならないからね。だから、「難行道になるから増えない」っていうところはあると思う。

何だろうかね。これは、私の個人的な哲学だけども……、確かに、人の数は多いけれども、やっぱり成功する人の数は少ない。山に分け入《い》る人は数多いけれども、頂上まで辿《たど》り着く人は少ないと思うんだよ。

そこで、頂上まで辿り着くには何が必要かということだけども、他力を、単なる棚ぼた式に「自分に運がいいことが降《ふ》ってくる」っていう気持ちで待っているのでは駄目《だめ》で、他力を、「自分に与えられているものへの感謝の気持ち」として捉《とら》えることが大事だ。

斎藤　感謝する？

幸田露伴　感謝の気持ちとして捉える。

例えば、本当に貧《まず》しい家に生まれたのかもしれないし、貧しい家に生まれたから、豊かな家に生まれた子に比べて、勉強の環境が悪いとか、本が少ないとか、いい学校へ行けないとか、塾に行けないとか、いろいろあるかもしれない。

ただ、貧しい家に生まれたとしても、「貧しい家に生まれたからこそ、自分は勉強して偉《えら》くなりたいと思った」とか、「両親に親孝行したいという発心《ほっしん》が起きた」とか、「勉強ができれば、いろんな職業に就《つ》く可能性がある。それは、ありがたいことだという気持ちになる」とかですね。まあ、こういうことで、他力を、社会や人を責める、あるいは親とか兄弟とかを責めるほうに使うのではなくて、感謝する方向に使う。

できのいい兄がいたら、「できのいい兄がいたおかげで、自分は、勉強がずいぶんスムーズにいって助かっている」という感謝を持つ。

できの悪い兄がいた場合は、「兄貴のできが悪かったために、反面教師として、自分は発憤《はっぷん》して勉強する気になった。ありがたいことだ」と。

とにかく、それを、自分にとって都合のいいように使わないで、たとえ悪い環境であろうとも、よい環境であろうとも、すべてを自分にとってプラスの材料として考える。そして、すべてをスプリングボード、つまり、自分がスタートダッシュをかけるための有利な材料だと考える習慣をつける。

君たちの言葉で言えば、「ポジティブ」っていう考えかもしらん。積極的なものの考え方だね。こちらのほうにもっていくと、あとは、「努力しただけ前進していく」っていうかたちになるよね。

自力《じりき》では、「自分にとって何が可能か」を考える

幸田露伴　ところが、君たちがよく批判している左翼《さよく》系の人たちは、そういうところが薄《うす》くてね。基本的には、労働組合に代表される考えがそうだと思うけども、「経営者が搾取《さくしゅ》している」「会社が悪い」と言う。

たとえ悪い環境であろうとも、
よい環境であろうとも、
すべてを自分にとってプラスの材料として考える。
そして、すべてをスプリングボード、
つまり、自分がスタートダッシュをかけるための
有利な材料だと考える習慣をつける。

最近では、さっき聞いたように、「ブラック企業」「ホワイト企業」っていう言い方をするのかもしれない。ホワイト企業で、働かなくても給料は上げてくれる。これは、みんなにとって非常に夢のような話ですよね。

働かなくても給料は上がるし、福利厚生《ふくりこうせい》は増えていくし、老後は死ぬまで面倒を見てくれる。もう夢のような社会ですけど、こういう夢のような社会の建設を目指した結果、北朝鮮みたいな国ができてしまっているわけだから……。あれは労働組合の国家版です。ああいうふうになるわけでね。現実には、人の何倍も働く人がいっぱい出てこなければ、そういう社会はできないんですよ。

だから、運命と他力、自力を考える上において、他力に関しては、とにかく、与えられた環境は、全部、自分の発憤の材料やプラスの材料に考えていくこと。そして、自力では、「そのなかで、自分にとって何が可能か」ということを考えていくこと。

私で言えば、先ほど、ちょっとご紹介があったけども、青森まで行く金しかなかったけども、自力にて東京まで歩いて帰る。

斎藤　露《つゆ》と一緒に寝る、の「露伴」ですね。

幸田露伴　ええ（笑）。歩いて帰って、文豪《ぶんごう》を目指したということが、「実際に（文豪に）なれた」という結果につながったわけですよ。

「せっかく就職したんだから、北海道で電信技手《ぎしゅ》のままでいい」と思えば、それで終わっていたと思う。やっぱり、東京へ帰らなければ、文壇には出られなかっただろうと思うので、その自力の部分はあると思うんだ。

いい運命が来たら「惜しむ心」を持ち、悪い運命が来たら「奮起《ふんき》」する

幸田露伴　運命もあるかもしれないけども、悪い運命が来た場合は、「神あるいは天が、自分を鍛えようとして、こういうものを下さったんだ」と思って、そこから奮起《ふんき》することが大事だし、もし、いい運命が開《ひら》けて、「運がついてるな。自分は、なんでこんなに幸運なんだろう」と思うようなことが続くようであれば、その運を使い切ってしまわないように、大事に大事に守りながら、さらに、お返ししていく人生というか、人に報恩《ほうおん》していく人生を考えることが大事だ。そうすれば、間違いは少ないと思う。

会社で出世したら、「全部俺の能力のせいなんだ。俺がやったからこうなったんだ。俺が頑張ったんだ」とか、「親は農家だったけど、俺は大会社の重役にな

った。社長になった」とか言う人もいるかもしれないけど、そういうことを言い続けると、評判が悪くなって、運気も失ってくることになると思うね。だから、運においても、惜福《せきふく》の部分はあると思うし、分福《ぶんぷく》の部分も、植福《しょくふく》の部分も……。

斎藤　運にも、分福と惜福の違いがあるんですか。

幸田露伴　うんうん。運気に関しても、ありうると考えたほうがいいと思うね。自分の努力のわりには収入が大きくなりすぎたとか、出世が早すぎたとかいう面があったら、きっと、ずるっこしてるように人には見えるだろうから、その部分については、やっぱり、惜しむ心を持っておいたほうがいい。

例えば、何でもいいですけども、ほんのちょっと軽く勉強しただけで、英語検定に受かっちゃったとする。それで天狗《てんぐ》になっちゃったりしたら、その人は、それが、だいたい天井《てんじょう》になるね。

そうではなく、「ちょっとした勉強で受かっちゃったかもしれないけど、これは本物じゃない。たまたま運がよく、勉強していたところが出たために受かったけども、本物の実力ではないから、いつか化《ば》けの皮が剝《は》がれるに違いない。だから、もうちょっと勉強を続けなきゃいけない」と思う人は、心がけのいい人だし、受からなかったとしても、「どんな問題が出ても受かる（レベル）まで自分に実力をつけさせるよう、天が試練を与えてくれているんだ」と思う人にとっては、その勉強をやればやるほど力がついていくようになるだろうね。

やっぱり、こういう考え方を大事にしなきゃいけないんじゃないかな。

7　長生きしながら幸せに生きる秘訣《ひけつ》

吉川　現代の日本は、四人に一人が高齢者という高齢社会になってきています。幸田先生は、幼い頃、病弱でいらっしゃったにもかかわらず、八十歳ぐらいまで元気に生きられました。

そこで、長寿《ちょうじゅ》社会において、長生きしながら幸せに生きていく秘訣《ひけつ》などを教えていただければと思います。

幸田露伴　やっぱり、「やりたいことがある」っていうことが大事だろうね。

斎藤　やりたいことがある？

幸田露伴　うん。興味・関心を持てることがあって、やりたいことがあるっていうことは大事だと思うんだよ。

例えば、「勉強したい」というテーマがある。「自分は、その分野について勉強をし続けたい」というテーマが、次々と出てくるとかね。

あるいは、その分野を広げていく。私だったら、書画《しょが》・骨董《こっとう》・刀剣《とうけん》類まで鑑定《かんてい》をやってましたけど。

斎藤　骨董ですか。

幸田露伴　はい。そんなものまでいっぱい持ってきて、「これ、値打ちがありますか」と言ってくるような人もいましたけど、趣味が高《こう》じて、だんだんプロの鑑定家になってくるところもありましたから。

「小説家で一流になれば、見る目があるだろう」ということで、いろんな人が信用してくるようになる。信用されると、こちらも勉強しなきゃいけないから、いろんなものを見て勉強したりしていくと、その世界がまた開《ひら》けてくるようなこともある。

まあ、年を取っても、晩年、長生きして、他人様《ひとさま》にあんまり迷惑をかけずに大往生《だいおうじょう》への道を行こうとしたら、やっぱり、やるべきことというか、興味・関心を持って、社会にマイナスではない、迷惑をかけない方向で努力していく目的があることが大事だね。

読書でも、私の蔵書は五万冊ぐらいあったかもしれない。明治・大正・昭和期にそれだけの蔵書を持つのは大変なことかと思うけど、それだけ読み続けるっていうのは、知的生産と連動していたからね。興味・関心がなくなって本を読まなくなったら、結局、書くこともなくなるわけだ。

これは、汽車の石炭と一緒だ。本を読み続ける作業をしているっていうことは、〝石炭〟を入れ続けているわけで、それは燃え続けているから、走り続けることができるよね。だけど、勉強しなくなった人は、すぐ、言うこと、書くことがなくなってくる。まあ、そういうことが大事なんじゃないかな。

大川さんを見ていても、一冊一冊の本がすごいベストセラーになるとか、評判になるとかいうようなことを、あんまり気にしているようには見えなくて、「世の中の人々に必要だ」と思うことを一つひとつ押さえていっているように見える。そういう意味では、非常に「長距離ランナーとしての心がけ」を持っているように、私には見えるね。

勉強をやめたら、進歩は止まるよ。だから、どこで満足するかだね。勲章《くんしょう》をもらうとか、そんなことで満足するような人間なら、それまでだと思う。あるいは、「一家が食《く》えるだけの収入があればいい」とか思うなら、それまでだろうと思う。

あんまり投機的な人生になってはいけないと思うけども、やっぱり、積み重ねていく、積み上げていくような人生が、基本的には大事なんじゃないかなと私は思うね。

勉強をやめたら、進歩は止まるよ。
やっぱり、積み上げていくような人生が、
基本的には大事なんじゃないかな。

8　幸田露伴は、どのような魂《たましい》か

仏教の僧侶《そうりょ》として何回か転生《てんしょう》したことがある

吉川　最後に、幸田先生の過去世《かこぜ》がもし分かりましたら、教えていただければと思います。

幸田露伴　ああ、ここは、そういうところなんだよなあ。

斎藤　先ほど、仏教のお話もありましたし、また、ご生前、キリスト教徒の奥様と結婚されても、キリスト教には改宗しなかったというエピソードも遺《のこ》っております。

お話を伺《うかが》っていても、何か、宗教的なつながりがおありかなと感じるのですけれども。

幸田露伴　うーん……。

斎藤　仏縁《ぶつえん》が深そうな感じがします。

幸田露伴　昔で、「勉強ができた」と言えば、ほとんど、お経《きょう》を読むような職業が多かろうねえ。昔、僧侶《そうりょ》はインテリの代表だったから。

斎藤　お坊さんですか。

幸田露伴　まあ、そういう経験はあるよな。やっぱりな。

斎藤　どの時代に生まれて、ご精進《しょうじん》されたのでしょうか。

幸田露伴　うーん……。何回かあるな。何回かある。

斎藤　何回か、お坊さんとして生きた経験があるんですね？

幸田露伴　うん。何回かあるけど、君らが言うような、宗派を開くようなお坊さんじゃないと思う。

斎藤　学僧《がくそう》か何かですか。

幸田露伴　まあ、そこそこの高僧《こうそう》というぐらいに入っとればいいや。

斎藤　高僧のお一人として？

幸田露伴　うんうん。そのくらいまで入っとりゃいいところで、宗祖《しゅうそ》というほどは偉《えら》くないと思うな。

斎藤　やはり、中国の仏教のほうにお生まれになったんですか。それとも、日本の仏教のほうでしょうか。

幸田露伴　日本、中国、インドに出てるね。それぞれね。

斎藤　お経には、『華厳経《けごんきょう》』とか、いろいろありますけど……。

幸田露伴　こんなこと言ったら、君らのほうがきっと偉いから、そんなに言いたくはないね。

斎藤　いえいえ。では、ゴータマ・シッダールタ、釈尊《しゃくそん》の時代のインドには、お生まれになっていたのでしょうか。

幸田露伴　うーん……。経典《きょうてん》の結集《けつじゅう》には参加した記憶がある。五百人集まって、七葉窟《しちようくつ》で経典の結集をしていますよね。あのなかにはいたような気がするなあ。

斎藤　経文《きょうもん》を翻訳する訳経僧《やっきょうそう》……。

幸田露伴　そんなのは次の代だね。シルクロードのあたりで訳経するのは、次の代ぐらいだよ。「それから次は中国で、その次は日本へ」という感じの流れかなあ。

ただ、君らの日本史や世界史の知識に出てくるような、そんな有名な坊さんを要求するのは無理だ。

第一回の仏典結集が行われた七葉窟。マガダ国の首都であった王舎城《おうしゃじょう》の西方に位置する丘にある。

斎藤　ご謙遜《けんそん》と捉《とら》えておりますけれども。

幸田露伴　うーん……。

天上界で交流のある霊人《れいじん》は？

斎藤　現在、あの世の世界から、幸福の科学をご指導いただいていると思うのですが。

幸田露伴　うんうん。はい。

斎藤　ありがとうございます。その高次元の霊界での「幸田露伴交友録《こうゆうろく》」として見たときに、どのような……。

幸田露伴　調べがいろいろ……。

斎藤　いやいや。最近、瀬戸内寂聴《せとうちじゃくちょう》（守護霊）さん、曽野綾子《そのあやこ》（守護霊）さん、遠藤周作《えんどうしゅうさく》さんなど、さまざまな文学者の方々を大川隆法総裁が招霊されまして、お話を聞いております。

こうした文学者との交流や、お坊さんとの交流はありますでしょうか。「どのような心持ちでいると、どのような霊界に還《かえ》るのか」という点で参考になりますので、ぜひ、よろしくお願い申し上げます。

幸田露伴　身元調べかあ。厳しいなあ。身元調べは厳しいねえ。

斎藤　いやいや。フレンドリーな感じで、今、思っておりますから、ぜひ。

幸田露伴　ええ？

斎藤　後進への指針として、何卒《なにとぞ》お願いできませんでしょうか。

幸田露伴　うーん……。もう、はっきり言って、一部の人以外からは忘れられているぐらいの人間なので、死んで六十数年で、もう忘れられかかっているので、その程度の〝坊さん〟ということであれば、大したことはないよねえ。

斎藤　一緒に仕事をされている方とか、チームを組んでおられる方とかはいらっしゃいませんか。

幸田露伴　ハハハハ。

斎藤　霊界には、プロジェクトチームのようなものはないんですか。

幸田露伴　交流は、仏教だけでなくて、ほかのところに出た、いろんな人とも……。まあ、最近、私の代では、啓蒙《けいもう》時代のね、外国の人も含《ふく》めて、いろいろと読むから、いろんな人たちと付き合いは……。

斎藤　サミュエル・スマイルズさんとかは？

幸田露伴　もちろん、そんなような人たちは仲

サミュエル・スマイルズ
（1812～1904）

間だ。みんなね。

斎藤　スマイルズの『自助論《じじょろん》（セルフ・ヘルプ）』を『西国立志編《さいごくりっしへん》』として訳された、中村正直《なかむらまさなお》さんはどうでしょうか。

幸田露伴　うんうん。仲間なんじゃないですか、ああいう人もね。

　けっこういるんだよ、そこそこ、ご立派な方はね。

斎藤　ジェームズ・アレンという方もいますが、

中村正直（1832～1891）

『自助論―西国立志編―上･下』サミュエル・スマイルズ著 中村正直訳 渡部昇一、宮地久子現代語訳（幸福の科学出版刊）

ああした西洋型のお方とは……。

幸田露伴　ちょっと、言葉が通じにくいので。

斎藤　霊界が違うんですか。

幸田露伴　うーん、近い・遠いはあるかもしれないので。まあ、東洋系のほうが、やや多いことは多いんだけどね。

斎藤　そうですか。親友のような人はいますか。

幸田露伴　親友ねえ。うーん、わしの親友を調べようとするか？

斎藤　いやいや。その人が今、地上に生まれていたら、指導されたりするのかなと思いまして。

幸田露伴　そうだねえ。いちばん近しいとしたら、誰かねえ。うーん……。やっぱり、あのへんに近いような気がする。いちばん近いとしたら、夢窓疎石《むそうそせき》さんのあたりのグループに近いかなあ。

斎藤　夢窓疎石ですか。弟子《でし》一万三千人の……。

幸田露伴　（夢窓疎石は）〝元祖《がんそ》ゼネコン〟と言われているが、事業能力もあったし、貿易もし

夢窓疎石（1275～1351）
室町時代の禅僧。

たり、弟子を養ったり、いろいろとしている……。

斎藤　文化（五山《ござん》文化）もつくられましたね。

幸田露伴　そういう事業と文化にも関係があった方ですね。
夢窓疎石さんのほうのグループにちょっと近いと考えていいかと思いますから、その人の転生《てんしょう》のだいたい近くにいたと見て、いいんじゃないいんですか。

斎藤　そうですか。

幸福の科学には、事業能力を持った指導霊が必要

斎藤　最後の最後に、後進へのアドバイスということで、幸福の科学へのメッセ

ージを頂けますでしょうか。

幸田露伴　うーん、そうだねえ……。

私なんかは、どちらかといえば、個人主義的な面が多かったので、これだけ多くの人々を惹《ひ》きつけてまとめていく段になったら、もう、私なんかの指導ではちょっと無理になっている。もっと大きな組織を発展させることができるような軍師を、指導霊としてお使いになったほうがいいかもしれないね。

私を尊敬してくれている渡部昇一《わたなべしょういち》さんにしても、個人としては、普通の大学教授にしては、資金が潤沢《じゅんたく》で、本がいっぱい買えて、書庫を拡張できた程度だからね。あるいは、子供に、億の単位の楽器というか、世界の名器《めいき》を買ってやれたとか、せいぜいそのぐらいのところだから。

（幸福の科学は）成功の規模がだいぶ違って、ずっと大きなものになっているから、もう一段大きな事業能力を持った方の指導を受けないと、これから先は行けないんじゃないかと思う。

個人としての修養や修行、あるいは自己啓発的なところはお手伝いできると思うけども、それ（組織の発展）については、そうした実績のある方を中心に指導霊団をお組みになったほうがいいんじゃないかなあ。

斎藤　ちなみに、渡部昇一先生は、「ザ・リバティ」編集長がインタビューをしたとき、「誰の生まれ変わりだったら、うれしいですか」という質問に対して、「幸田露伴がいいな」と言っておられました（月刊「ザ・リバティ」二〇一四年三月号参照）。

幸田露伴　そうかねえ。

斎藤　とてもご尊敬されているようです。

幸田露伴　私なんかより、よっぽど有名なんじゃないんですかね？　向こうのほうが。

斎藤　いや、それだけの精神性をお持ちだということで、立派な徳の力が、われわれの代にも伝わっております。

幸田露伴　私なんかより、ベンジャミン・フランクリン（渡部昇一氏の過去世《かこぜ》）のほうが、よっぽど世間に影響を与えたんじゃないですかね。

斎藤　褒《ほ》め合いをされて、素晴らしいと思います。

幸田露伴　まあ、来世《らいせ》でお会いすることになると思います。

斎藤　はい。今日は、人生論・成功論をお話しいただき、ありがとうございました。

大川隆法　（幸田露伴に）ありがとうございました。

仏教的なバックグラウンドのある「菩薩《ぼさつ》的な作家」

大川隆法　作家にも、天国・地獄がいろいろとありますが、この方は、天国的なというか、「菩薩《ぼさつ》的な作家」だろうと思います。宗教的なバックグラウンド、仏教的なバックグラウンドのある方が小説などを書いておられたということです。まあ、そういうふうであってほしいものですね。「勉強した人が地獄へ行く」というのは、私もあまり好きではありません。勉強した人が地獄へ行く場合は、地獄系の本がたくさん出ているということなのだろうと思うのです。なるべく、天国的な本と地獄的な本とを見分け、「天国的な本」を肥《こ》やしにして成長していけるような人たちが、大勢出てくることを望みたいものです。

以上にします。ありがとうございました。

斎藤　本日は、本当にありがとうございました。

あとがき

近代文学でも専攻しない限り、もう幸田露伴の小説を読みたいという人は少なかろう。英文学者の夏目漱石の本は、いまだに読まれ続けていることは、ある種の不思議であるが、明治時代の英語文化が、日本の近・現代の牽引車《けんいんしゃ》であったことは間違いない。

今、アメリカ合衆国では、オバマ大統領が「アメリカ超大国の夢を終わらせるべく(?)」「チェインジ」の総仕上げに入っているし、英国では、北海油田の利益をイングランドに吸い上げられるのが嫌で、スコットランドが独立運動を強めている。かつての大英帝国が、ヨーロッパの弱小国への転落の危機にある。日本は「温故知新《おんこちしん》」を始めるべき時である。日本独自の優れた文化を再発見すべき時かと思う。そしてデング熱にかかったＮＨＫの左翼歴史観・文化観を国民が見破るべき時でもあろう。

二〇一四年　九月十六日

幸福《こうふく》の科学《かがく》グループ創始者兼総裁《そうししゃけんそうさい》　大川隆法《おおかわりゅうほう》

『幸田露伴かく語りき』大川隆法著作関連書籍

『希望の法』（幸福の科学出版刊）
『幸福への道標』（同右）
『人間にとって幸福とは何か』――本多静六博士 スピリチュアル講義――（同右）

幸田露伴《こうだろはん》かく語《かた》りき
── スピリチュアル時代《じだい》の<努力論《どりょくろん》> ──

2014年9月30日　初版第1刷

著　者　　大川隆法《おおかわりゅうほう》

発行所　　幸福の科学出版株式会社
〒107-0052 東京都港区赤坂2丁目10番14号
TEL(03)5573-7700
http://www.irhpress.co.jp/

印刷・製本　株式会社 堀内印刷所

落丁・乱丁本はおとりかえいたします

ISBN978-4-86395-515-8 C0030

写真：©siro46 - Fotolia.com、アフロ、TopFoto/アフロ、時事

大川隆法ベストセラーズ・**人生を変える、青春のヒント**

青春マネジメント

若き日の帝王学入門

生活習慣から、勉強法、時間管理術、仕事の心得まで、未来のリーダーとなるための珠玉の人生訓が示される。著者の青年時代のエピソードも満載！

1,500 円

人間にとって幸福とは何か

本多静六博士スピリチュアル講義

「努力する過程こそ、本当は楽しい」。さまざまな逆境を乗り越え、億万長者になった本多静六博士が現代人に贈る、新たな努力論、成功論、幸福論。

1,500 円

恋愛学・恋愛失敗学入門

恋愛と勉強は両立できる？　なぜダメンズと別れられないのか？　理想の相手をつかまえるには？　幸せな恋愛・結婚をするためのヒントがここに。

1,500 円

※表示価格は本体価格（税別）です。

大川隆法ベストセラーズ・**幸福論を学ぶ**

「比較幸福学」入門

知的生活という名の幸福

ヒルティ、アラン、ラッセル、エピクテトス、マルクス・アウレリウス、カント――知的生活を生きた彼らを比較分析し、「幸福」を探究する。

1,500円

人間学の根本問題

「悟り」を比較分析する

イエスと釈尊の悟りを分析し、比較する。西洋と東洋の宗教文明を融合し、違いを乗り越えて、ユートピアを建設するための方法が論じられる。

1,500円

「人間学概論」講義

人間の「定義と本質」の探究

人間は、何のために社会や国家をつくっているのか。人間は、動物やロボットと何が違うのか。「人間とは何か」の問いに答える衝撃の一書。

1,500円

幸福の科学出版

「幸福の心理学」講義

相対的幸福と絶対的幸福

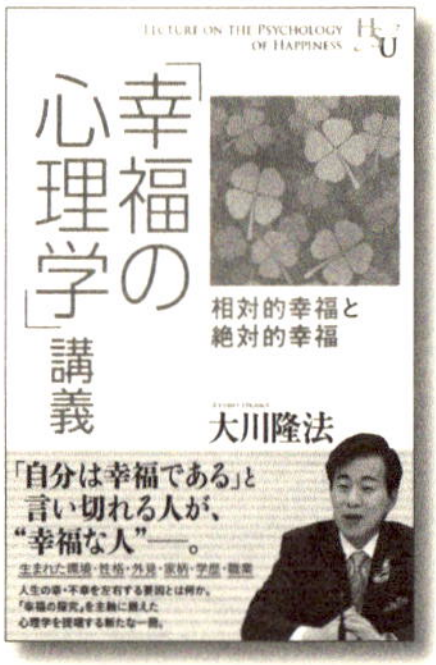

現在の心理学は、不幸の研究に基づいているが、万人に必要なのは、幸福になれる心理学。「絶対的幸福」を実現させる心理学に踏み込んだ一書。

1,500円

「成功の心理学」講義

成功者に共通する「心の法則」とは何か

この「成功の心理学」を学ぶかどうかで、その後の人生が大きく分かれる！「心のカーナビ」を身につけ、「成功の地図」を描く方法とは？

1,500円

幸福学概論

個人の幸福から企業・組織の幸福、そして国家と世界の幸福まで、1700冊を超える著書で説かれた縦横無尽な「幸福論」のエッセンスがこの一冊に！

1,500円

※表示価格は本体価格（税別）です。

大川隆法ベストセラーズ・「幸福の科学の基本教学」を分析する

「幸福の科学教学」を学問的に分析する

教義の全体像を示す「基本三部作」や「法シリーズ」、「公開霊言」による多次元的な霊界の証明。現在進行形の幸福の科学教学を分析する。

1,500円

西田幾多郎の「善の研究」と幸福の科学の基本教学「幸福の原理」を対比する

既存の文献を研究するだけの“二番煎じ”の学問はもはや意味がない。オリジナルの根本思想「大川隆法学」の原点。

1,500円

幸福の科学の基本教義とは何か

真理と信仰をめぐる幸福論

本当の幸福とは何か。永遠の真理とは？信仰とは何なのか？　未来型宗教を知るためのヒント。

1,500円

入会のご案内

あなたも、幸福の科学に集い、ほんとうの幸福を見つけてみませんか？

**幸福の科学では、大川隆法総裁が説く仏法真理をもとに、
「どうすれば幸福になれるのか、また、
他の人を幸福にできるのか」を学び、実践しています。**

入会

大川隆法総裁の教えを信じ、学ぼうとする方なら、どなたでも入会できます。入会された方には、『入会版「正心法語」』が授与されます。（入会の奉納は1,000円目安です）

ネットでも**入会**
できます。詳しくは、
下記URLへ。
happy-science.jp/joinus

三帰《さんき》誓願《せいがん》

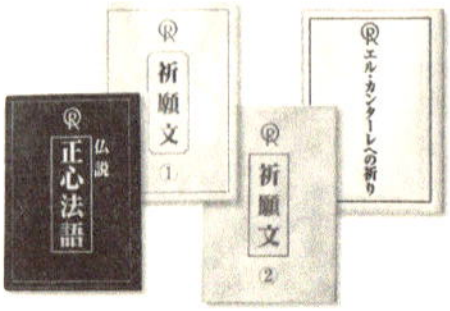

仏弟子としてさらに信仰を深めたい方は、仏・法・僧の三宝への帰依を誓う「三帰誓願式」を受けることができます。三帰誓願者には、『仏説・正心法語』『祈願文①』『祈願文②』『エル・カンターレへの祈り』が授与されます。

植福《しょくふく》の会

植福は、ユートピア建設のために、自分の富を差し出す尊い布施の行為です。布施の機会として、毎月1口1,000円からお申込みいただける、「植福の会」がございます。

「植福の会」に参加された方のうちご希望の方には、幸福の科学の小冊子（毎月1回）をお送りいたします。
詳しくは、下記の電話番号までお問い合わせください。

月刊
「幸福の科学」

ザ・伝道

ヤング・ブッダ

ヘルメス・
エンゼルズ